建築技師という生き方

東畑謙三との対話

山形政昭・橋寺知子 監修
東畑謙三研究会 編著

創元社

プロローグ

設計演習の合評会の翌日、結依（ゆい）は気分転換に日本橋高島屋を訪れた。

東京駅八重洲口から東南東にのびるさくら通りに入ると、大通りの喧騒が鎮まる。建ち並ぶ大小さまざまな建物と桜並木、切り取られた空が織りなす風景により、静寂が保たれている。視線を上げると、ガラスブロックのファサードが見えてきた。それは初夏の木漏れ日をうけて、穏やかにきらめいていた。

建築史の講義でこの建物が九十年も前に建てられ、増築を重ね現在の姿となったと知った。中央通りの様式建築らしい重厚さと、さくら通りの軽快な雰囲気の対比が、西洋の街並みのような奥行きを創っている。周辺のビル群には感じられない心地よさの理由が、少しだけわかった気がした。

「図面はいつもどおりよく描けています。……でも面白くないね、プランもデザインも」

イケメン講師がさらりと言った講評コメント。思い出すたびに深いため息が出る。

今回の課題は「地域交流のためのコミュニティ施設」。提出前日には初めて徹夜もしたし、自分なりに納得した出来だった。しかし、先の講評のとおり、合評会の発表者には選ばれなかった。教授や講師からの講評は、いつも決まって「まとまりすぎている」や「おもしろくない」といったもの。こうした評価を受けるたびに、「おもしろいって何？」と悩み、「自分は建築設計に向いていないのではないか？」と不安になった。最近では、そうした不安が「おもしろさっていったい何なの？」とか「普通じゃダメなの？」という反発に結依の中で変わりつつあった。

西野結依は建築学科の三年生。東京にある美術系大学に通っている。

小学校の入学祝いに、父親からスケッチブックを買ってもらって以来、絵を描くことが好きになった。はがきサイズほどのスケッチブックをいつも持ち歩き、気になるものを手あたり次第スケッチし、あわせて日々の気づきを綴ることが習慣となっている。スケッチブックの背表紙には番号と使用期間を書き込み、本棚に大切に並べている。もう少しで百冊に届くことが、誰に言うでもない密かな自慢だ。

結依には、絵と同じくらい好きなことがある。それはレトロな建物巡りだ。物心ついた頃から続く家族の行事がきっかけで、懐かしい雰囲気を醸し出す近代建築に興味を持った。その行事とは、日本橋高島屋の洋食レストランで家族そろって食べる毎月末のランチ。結依はいつもオムライスを食べ、食後にクリームソーダを飲んだ。年齢が上がるにつれて、食後の飲み物はコーヒーに変わり、回数は減ったが、現在も年に数回は家族で訪れている。老舗百貨店で過ごすひと時が、結依にとっては家族の風景のひとつだ。

建築学科に入ったのは、母親から手渡された一冊のインテリア専門誌がきっかけだった。通っている高校の近くになんとも居心地のいいピザ屋さんがあった。木立のなかで食事をしているような感じがするの、と何気なく母に話したことがあった。母は驚いた様子で、その内装は有名なインテリアデザイナーの仕事だと教えてくれた。私も大好きなの、と嬉しそうに言う母から、その人が特集されたインテリア専門誌を手渡されたのだ。図面と実物を見比べるようになり、レトロ建築がもっと好きになった。そして自分でも図面をひきたいと思うようになった。

高島屋のエントランス扉を開け、結依は気持ちを切り替えるため、意識的に笑顔を作った。

スケッチブックを開き、正面入口の繊細な装飾が施された欄間や、エレベーター扉を素描して回った。柔らかい芯の鉛筆で輪郭を描き、後日まとめて固形水彩で色をつける。いつもどおりのルーティーンをこなす内に、心にあったモヤモヤとした気持ちが、少しずつ鎮まっていくのを感じた。

「私にとってのおもしろいって、こういうものだけど」

心の中で呟くと、来たときよりいくぶん軽い足取りで、高島屋を後にした。

通りに出て、赤みをおびた午後の陽を浴びる桜並木を見渡すと、その背後にひっそり建つ石張りの建物が結依の目に映った。幾度となく通っているのに、その存在に、気を留めたことがなかった。

マンサード風の屋根や、コーナー部分のバルコニーの佇まいは、まるで街にていねいなお辞儀をしているようだ。穏やかなアイボリーの御影石の外壁に、窓廻りの黒が全体の表情を引き締めている。二階バルコニーの手すりに施された花瓶と山葡萄（やまぶどう）のアイアンワークが、向かいに建つ高島屋の塑像と対話しているように感じられた。

「KOCHUKYO ORIENTAL WORKS OF ART 壺中居美術店」

小さなエントランス扉を挟むように、屋号が刻まれた小ぶりのプレートとショーウィンドウが配されている。こちらもさして大きくないショーウインドウには、肩から首がすっと伸びた柔らかな曲線を描く青磁の壺が飾られている。店主の人格まで伝わってくるような静かなファサードだ。

「自己主張が足りない」

昨日の講師のコメントがまたもや頭に浮かび、結依は顔を歪めた。

「私と同じように、この建物も評価されないのだろうか？」

鎮まりかけていた結依の心に、またモヤモヤが広がり始めた。こんなときにはあのルーティーンが必要だ。歩道のガードレールにそっと腰掛け、スケッチブックを取り出した。徹夜の疲れを払うように、大きく一回深呼吸をした。二階バルコニーを見上げ、しばらくの間じっと観察した。丹念に作り込まれた細部を見逃さないよう、ゆっくりと鉛筆を走らせる。スケッチを通して設計者に語りかけるように。辛抱強く語りかけると、ぽつりぽつりと相手も語り始める。二人の語りが次第に重なり合い、そして会話が生まれる。

並木通りのアスファルトを初夏の淡い光が照らし、薫風に揺られる桜の葉が、柔らかな影を描く。

「おもしろいっていったい何だろう？」

天頂を過ぎた初夏の太陽の下、結依はいつのまにかまどろみの中へ落ちていった。

◆本書について

この本は、プロローグ、西野結依と東畑ケンゾウのダイアローグ、そしてエピローグからなる「物語パート」と、研究者や建築技師などが執筆した「論考パート」の二部構成となっています。

ここに登場する東畑ケンゾウは、所員三百人を超える株式会社東畑建築事務所の創始者、東畑謙三をモデルにした架空の人物です。「物語パート」は、東畑謙三をご存じない方にも、その世界に興味をもっていただけるように設けたもので、これを手がかりに、「論考パート」を読み進めていただければ幸いです。

なお、建物の名称は竣工当時のものを基本とし、現況に関して記述したり現況の写真を掲載している場合は現在のものにしています。

社名は「株式会社」を省略させていただいた箇所もあります。

人名は敬称を省略させていただきました。

目次

第3章 東畑謙三の「横顔」

第1章

東畑謙三の「あゆみ」

ダイアローグ
1

設計って何？

「スケッチとは感心ですね」

弾むような高めの声が結依の耳に飛び込んできた。結依はスケッチブックから顔を上げ、声の先に目を向けた。そこにはエントランス扉の前からこちらを眺める、恰幅のよい大柄な老紳士の姿があった。

店の主人かなと結依は思った。かなり高齢にみえるが、背筋はすっと伸び、身長は一八〇センチ近くあるようだ。仕立てのよいダークグレーのウールのスーツ、しっかりと磨かれた革靴、大柄なのにどこか控えめな立ち姿は、この建物の佇まいと似通って見えた。

「勝手にスケッチをしてすみません。素敵な玄関だったので」

結依は頭を下げた。

「まったくかまいませんよ。この建物に興味をもっていただきましたか？」

こぼれるような微笑みをたたえて、老紳士が尋ねた。

「はい、とてもかわいいです。そこに書かれているのがお店の名前ですか？」

結依は壁のプレートを指さし、老紳士に尋ねた。

「ええ、壺中居（こちゅうきょ）という古美術商さんです」

老紳士は答え、話をつづけた。

「壺中之天（こちゅうのてん）。壺の中に別世界があるという中国故事から名付けられました。壺中居という屋号には、日常の中の別世界であることを願い、美術を愛する人々の憩いと楽しみの場でありたいという想いが込められています」

「壺の中の別世界。古美術のギャラリーにぴったりな名前ですね」と結依は言った。

「よろしければ、建物の中もご覧になりませんか？　壺の中にはお連れできませんが、店の中ならご案内できますよ」と老紳士が笑った。

結依が頷くと、老紳士はエントランス扉を大きく開き、店内へと招き入れるようにさっと手を出し、低い声で呟いた。

「壺中居へようこそ」

結依は期待に胸を高鳴らせながら、その古美術ギャラリーに足を踏み入れた。

はじめまして。
西野結依です。

西野　はじめまして、西野結依と言います。大学で建築設計を学んでいます。

東畑　ほう、そうですか。何か気にいったところがありましたかな。

西野　はい。とっても。街に溶け込んでいる感じが好きです、わたし。店主さんのお名前は？

東畑　はっはっは、店主じゃありません。私はこの建物を設計させていただいた、東畑ケンゾウと申します。

西野　設計士さんだったのですね。てっきりお店の方かと思いました。

東畑　店先に立っていればそう思うだろうね。いろいろな縁があって設計をさせていただきました。一九七三年、私が七一歳のときでした。いたらぬところだらけですがな。

西野　そうなんですか、でもわたし好きです。入り口が小さくて、ちょこっとバルコニーがついていたり、つつましいというか……。何か失礼なこと言ってますか、わたし？

東畑　いやあ、そのとおり。建物は威張っちゃいけません。そう言われると嬉しいなあ。

西野　威張ってはいけないのですか？

学校では真逆のことを言われています。もっと形のユニークさとかダイナミックな空間を考えなさいと。

東畑　ほう、それはつらい言葉ですね。課題では毎回、おもしろくないって言われていて……。実はそれが建築に付きまとういろいろと厄介なところだと私は思っています。少し、一緒に考えてみましょうか。

西野　ぜひお願いします。

東畑　形のユニークさとかダイナミックな空間とか、それは個人が感じる「おもしろさ」ですね。私は地図が好きで、古い世界地図なんてとてもおもしろいと思う。でもまったく関心がない人もいます。そういう個人の嗜好は千差万別です。では、心地よい建物といったら、思いつくところはないですか？

西野　それはいくらでも……。向かいの高島屋もすごく心地よいというか、いつまでも見ていられるというか。わたしがよく行くピザ屋さんも気持ちのいい雰囲気で、友達との会話も弾む気がします。

東畑　では、そんな心地よさを設計するには、どうしたらいいと思いますか？

西野　うーん、感じたことはあっても、どうやったら設計できるかと考えたことはありませんでした。

東畑　建物は外形だけにとらわれてしまうと、その本質を忘れてしまうのです。

自動車であれば、快適で、安全に、効率よく走るという機能が大事で、それとかたちをどう両立させるかが課題です。用と美と言われるものですね。では、建物を設計する場合の課題はなんでしょう?

西野 えっと……、自動車と同じように、快適で、安全で……省エネという機能とかたちをどう両立させるか、ですか?

東畑 そうです! ただ、建物は、個人住宅から、工場、病院、美術館とさまざまです。そして、同じものをいくつも作る自動車と違って、建物は一品生産で、特定の依頼主がいます。ですから、その建物が誰のためのもので、いかなる機能が必要かを考えつくし、それらをかたちにすることが重要なのです。私はそれを「実在の形体化」と言っています。

西野 じつざいのけいたいか?

東畑 実在とは、心地よいという気持ちなどの主観や、機能性、安全性という客観など、存在するものすべてが含まれた、その建物が備えるべきあり方です。それをかたちにすることが、建築設計の本質だと思います。

西野　建築設計の本質……。必要な部屋を並べて、廊下でつないで、吹き抜けとか階段をつけて……そういうのが設計だと、わたし思っていました。デザインは、インスタとかピンタレストで似た感じのものを探したりして。

東畑　建物の単なる形態を参考にするだけなら、いまの時代はいろいろ便利なものがあるみたいですね。でも、それだとあなたが思う心地よさには、たどりつけません。もう少し落ち着いて、いままで経験した心地よい公園とか建物、乗り物などを思い出してみましょう。

それらはなぜ心地よいと感じたのか、書き出すことから始めるといいかもしれません。

西野　そこまで深く考えたことありません。ただ何となく心地よいと感じただけで……。

東畑　では、美術館を例に具体的に考えてみましょうか。

油絵と水墨画、あるいは青磁と色絵陶器とを見る場合で、望ましい光線の方向や照度などは異なっています。それどころかまったく反対の場合すらあって、それを理解して初めて本当の鑑賞ができるんです。

西野　本当の鑑賞……。どんな環境で鑑賞すれば心地よく感じるかってことですか？

東畑　そのとおり。美術館であれば心地良く鑑賞することが、求められる大切な機能

のひとつです。

西野　その建築にどんな機能が必要か考えて、どうしたら心地よいと感じるかを考える。そこから建築設計が始まるんですね。

東畑　そうです。あなたが実現したい心地よさとは、空間自体なのか、その空間を満たす空気なのか、光なのか。それとも風景のように、それらの総合体なのか。それを突き止めて解きほぐした上で、図面に落とし込むことが設計です。

西野　なんだかいままで何を見てきたんだろうって気がしてます。

私が好きなピザ屋さんは、木立のなかで食事をしているような、不思議なインテリアなんです。木漏れ日の下でピザを食べてるみたいで、すごく幸せな気持ちになるんです。……その感覚を形にするのが設計なんですね！

東畑　そう。でも心地よさの正体がわかっても、それを実現する技術や造形力を身につけていないと、どうにもなりません。だから、設計者は常に学びを忘れてはいけません。

西野　そのピザ屋さん、今度連れて行ってもらいたいね。

よろこんで！　マルゲリータが最高なんです。

東畑　心地よい建物を設計するには、そこにどんな機能が必要かを考えなければなら

ないというところまでは、わかってもらえましたかね。

西野 はい……でもそうなると、これまで以上に手が動かなくなってしまいそうで……。今回の課題だった「地域交流のためのコミュニティ施設」の場合だと、地域交流のための機能って、どのように考えたらいいのでしょうか？

東畑 地域交流の「地域」って何だろうね。土地のある範囲を指すのかな。そうではなくて、その地域を形づくっている人々を指していると思うのです。と考えると、その施設を訪れ、利用する可能性のある人々の交流を、促進させる空間の機能ですね、求められているのは。

西野 ひとびと？

東畑 そう、人々。ここで大事なことを言いますね。建物は、ひとが使うもので、ひとに対する愛情がなければ、決して設計はできません。課題の中の地域の人々を、できるだけ具体的に想像してみることです。

西野 具体的にですか？

東畑 ええ。高齢化がますます進んでいますね、現在も。Iターンで移住してきた若者がいたり、海外から来て働くひともいるかもしれないね。そんなさまざまなひとたちがどんなふうに出会い、語らい、憩うことが求めらはい！ 声がすごく聞きやすいです。

れるのか。そして、それにはどんな「環境」がふさわしいのかを考えつくすことです。

西野 わたし、自分だったらという目線でしか考えていませんでした。トップライトを設けた吹き抜けに大階段をつければ、そこで会話が弾み、交流が生まれると……。

東畑 それでは、会話というより、講演会のほうがいい空間かなあ。私はちょっと苦手な雰囲気です。

いま、わたしと話している空間は心地よいですか。

（ふたりは、階段横のごく小さなスペースのえんじ色のソファに腰かけている）

西野 はい。東畑さんの声がすごく聞きやすいです。

東畑 それはよかった。吸音する床にしたり、座り心地のよい椅子を選んだり……、いろいろ考えましたが、どうでしょうかね。

そういう意味では、設計とは頂上が見えない山に登っていくような、そんな仕事だとつくづく思います。

西野 東畑さんでも、そうなんですか！

東畑 そうです。でもだからこそ、やりがいがあるというものです。

とにかく「ひとに寄り添い、喜ばれること」を考え続けるしかないのです。

西野　（少し背筋を伸ばし）ここで、私が何者なのか、ご紹介させていただきます。
謹んで拝聴いたします。（笑）

1　東畑謙三の郷里

生まれ

志摩半島のつけ根、松阪市北西の嬉野井之上町かつての三重県一志郡豊地村がある。東畑謙三はその地の地主で上層農家であった東畑家の三男として、一九〇二年（明治三五）四月一一日に生まれた。祖父源助は頭がよく半農半商を営んだ風変わりな人という伝承があり、父吉之助は学校には行かなかったが物知りで、母芳子は京都府高等女学校を出た才女だった。その両親のもとに四男二女が生まれている。

四人の兄弟、長男精一（一八九九年生まれ）、次男敬二（一九〇一年生まれ）、三男謙三、四男四郎（一九〇七年生まれ）はそれぞれ勉学を志して成長した。精一は東京帝国大学で学び農学博士となり、敬二は京都帝国大学で哲学を修め、謙三も京都帝国大学、四郎も東京帝国大学を卒業し農林分野で活躍した。当地ではエリートの東畑四兄弟として知られている。

長兄の精一はドイツのボン大学でも学んだ農業経済学の泰斗であり、わが国農業の近代化に貢献したことで知られている。郷里に近い嬉野川北町の県立農業研究所構内に、精一及び四郎が所持した農学、林業に関する蔵書を収めた東畑記念館が一九八四年に開設されている。東畑建築事務所の設計で一九七一年に研修資料館として建てられた建築であるが、郷里伊勢の民家を思わせる入母屋造りの建物で、かつての農村風

1-1　郷里の風景
旧東畑家住宅の所在する旧一志郡豊地村付近。

1-2　東畑記念館
三重県立農業研究所構内にあり、当初、研修資料館として東畑建築事務所の設計で1971年に建てられている。

景を伝え、また館内には謙三が寄贈した、杉本健吉[*1]による農にゆかりの果菜を描いた四面の大絵馬が飾られている（八五頁参照）。

次男敬二は幼くして紀州の速水家に養子入りし、速水敬二に改まる。後に京都帝国大学で哲学を修め、國學院大學教授となり、ヘーゲル研究で功績をあげ、『哲学通史』などを著している。謙三の妹喜美子も東洋大学で哲学を学び、哲学者で京都学派の創始者西田幾多郎に師事した三木清に嫁いでいる。そこで三木は謙三にとって義弟と呼べる哲学者となった。東畑家の兄弟姉妹はそれぞれ大成し、郷里にあっては学術における「華麗なる一族」といわれている。

2　建築への歩み

「大学までいって大工になるのか」

一九二〇年（大正九）一九歳の春、謙三は第三高等学校（三高）にすすむため京都に出る。二人の兄たちは名古屋の第八高等学校だったが、京都の府立高等女学校を出ていた母の語る京都に惹かれたことがあり、また京都には京都帝国大学に通う兄敬二がいて、京都帝国大学吉田校地のすぐ南に位置する三高の環境についても耳にしていたであろう。

*1　杉本健吉（一九〇五～二〇〇四）は名古屋市に生まれ、愛知県立工業学校を一九二三年に卒業。図案家、画家として活躍、一時期岸田劉生門下に入る。後年奈良に移り、東大寺観音院住職の知遇を得て、文化人と交流し、奈良の風物をよく描いた。

1-3　京都帝国大学建築学教室本館（現総合研究15号館）

北白川の下宿から三高への通学路だった京都帝国大学の構内でまもなく鉄筋コンクリート造の建築工事が始まり、やがてモダンなチョコレート色タイル張りの校舎が現れた。それが先年開設された建築学科の新校舎とわかり、建築の面白さを感じたという。また京都市中で目にするさまざまな古建築に惹かれるものがあり、丸善書店では英国美術雑誌『スタジオ』[*2]の誌面を飾る美しい建築プレートに触れたことで、美術、芸術としての建築世界を知ったという。

そうしたことから建築に関心を深めた謙三は進路について家で相談したところ、母は医者になることをすすめ、父には「大学までいって大工になるのか」と建築志望に猛反対されたという。名望家の家でもいまだ建築学という世界には理解を得られない時代だったが、謙三は志を通して一九二三年春に京都帝国大学工学部建築学科に四期生として入学した。同期生は一五名

2　"The Studio"誌は一九八三年ロンドンで創刊された絵入り美術情報雑誌。ウィリアム・モリスらの「アーツ・アンド・クラフツ」運動に関する作品、論説の掲載で知られ、一九世紀末から二〇世紀初頭にかけて欧米の美術、デザインに影響を与えた雑誌。

で、武田五一の設計で前年一〇月に竣工したばかりの建築学教室新校舎に迎えられた。

東畑謙三の回想によると、科長武田五一先生の製図、天沼俊一先生の歴史、坂静雄先生の構造、それに新任の森田慶一先生の授業が印象に残ったという。森田慶一は東京帝国大学建築学科卒業を目前にした一九二〇年に堀口捨己らと共に分離派建築会[*3]を結成した建築芸術運動の旗手の一人であり、一九二二年末に京都帝国大学助教授に着任していた気鋭の建築学者であった。また森田の郷里が三重県一志郡宇気郷村だったこともあり、東畑は親近感を感じたに違いなく、森田の講義と分離派の新しい建築に少なからず感化を受けたはずだ。建築学科の教官には他に一九二一年に工学部助教授に着任していた藤井厚二[*4]、そして洋画家の太田喜二郎、片岡安（やすし）[*5]らもいた。同期の学生には、後年大阪市技師を務め大阪地下鉄建設で活躍した伊藤和夫、ドイツ地方の住宅研究やデザイン研究で知られる野村茂治らがおり、東畑は恵まれた環境のもとで建築を目指したのだった。

設計力を発揮した卒業設計

三カ年における建築学科での勉学の成果として、卒業を控えた一九二六年（大正一五）三月に作成された「十和田国立公園の建築設備」と題する卒業設計が知られている。設計図面は全判二〇枚にのぼり、東畑の意匠設計の力量を知らしめるものだった。計画地は青森県下の十和田観光鉄道の停車場前にゲートを置き、十和田湖畔の水辺、そ

3　分離派建築会は一九二〇年、東京帝国大学建築学科卒業を前にした堀口捨己、山田守ら六名で起こした建築運動で、分離派の名称はウイーンのセセッションにちなみ、新しい建築、芸術としての建築を標榜した。メンバーの一人森田慶一は卒業後京都帝国大学建築学科に着任し、建築史を講義した。

4　藤井厚二（一八八八～一九三八）は広島県福山の酒造業の名家に生まれる。東京帝国大学建築学科を一九一三年に卒業、竹中工務店に入り設計部の主軸となる。元福山藩士の名家出身の武田五一とは同郷であり、武田に招かれたことで、一九一九年に京都帝国大学建築学科に着任した。自邸を実験住宅として、近代的生活と環境に叶う住宅研究をつづけ、大山崎に建てた聴竹居を到達点として『日本の住宅』（岩波書店、一九二八年）などを著している。

して南の山麓にまで敷地を設定した広大なリゾート村計画で、「公園正門」はじめ七棟の建物が設計されている。主要施設の「山の温泉」はフランク・ロイド・ライト風[*6]の様式で、「村の温泉」は茅葺き屋根を架けた郊外のコテージ風、「湖畔ホテル」は当時先端だったモダニズム建築、また「公園正門」というゲートに当たる建築はカリフォルニアで発展したスパニッシュ・ミッションをモダンにアレンジした不思議なデザインであり、総じて二〇世紀初頭に注目されていたさまざまな建築スタイルを応用した意欲的な作品であった。

東畑の記した計画概要には「（前略）ここに一般人を都市の生活より超脱して自然境に出入りして原人味を体得せしめるために、（中略）十和田国立公園を設けて郷土芸術を保存し、自然の美に適合したる建築設備の一部を想定する」という計画趣旨が記されている。そこにはライトも表明していたクラフツ・ムーブメントへの共感といえる自然主義的建築思想が語られており、ロマンティシズムの趣あるモダンな計画であった。この卒業設計は指導教授の武田に東畑の設計力を印象づけ認めさせるものだった。

『建築学研究』の編集執筆

後年、武田は実施設計という大仕事を東畑に託すことになるが、それは三年先のことであり、東畑は一九二六年春卒業を迎えるころ、「学校の先生になろうかな、という

5　片岡安（一八七六〜一九四六）は金沢に生まれ、東京帝国大学建築学科を武田五一と同期の一八九七年に卒業。辰野金吾の日本銀行大阪支店の建築に際して来阪し、一九〇五年に辰野と共に辰野片岡建築事務所を設立。大阪市中央公会堂の設計、大阪の都市計画にも功績を残す。一九一七年には日本建築協会を創設するなど関西建築界の指導的立場にあった。

6　フランク・ロイド・ライト（一八六七〜一九五九）は一九世紀末より二〇世紀にかけて独自の建築設計で活躍し、米国建築界の巨匠といわれた。わが国にも帝国ホテルの建築（一九二三）などを残している。

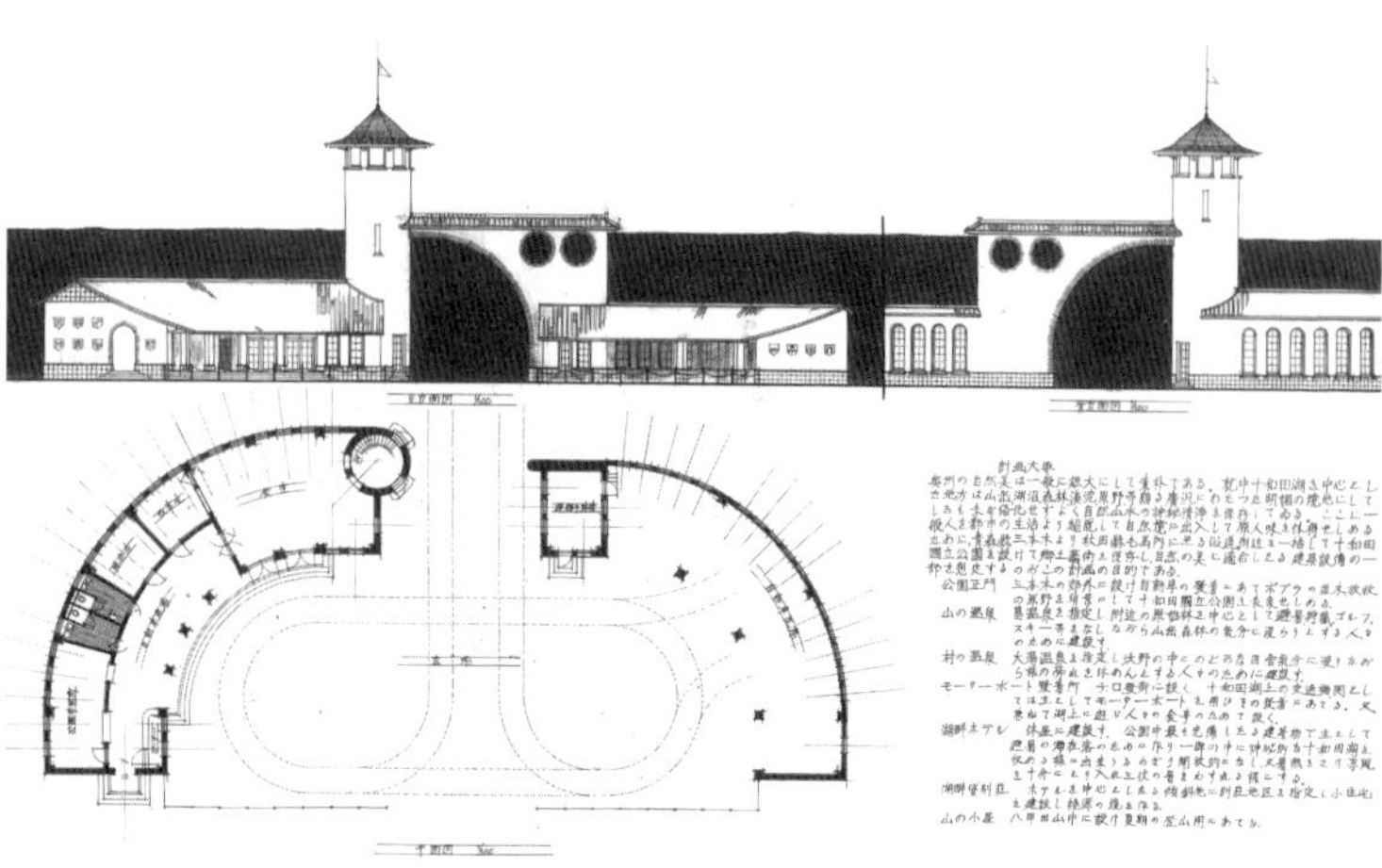

公園正門

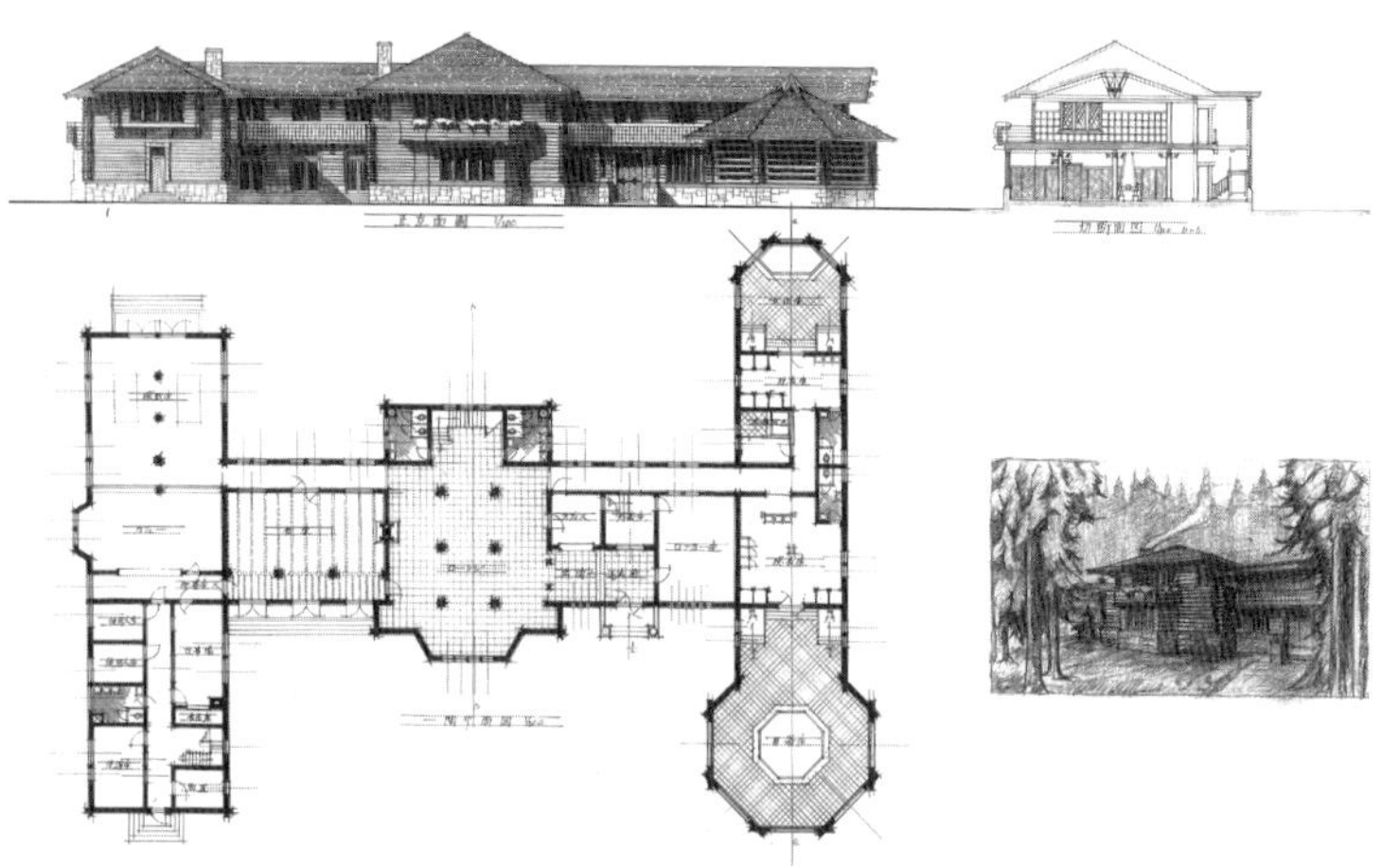

山の温泉

1-4　卒業設計「十和田国立公園の建築設備」

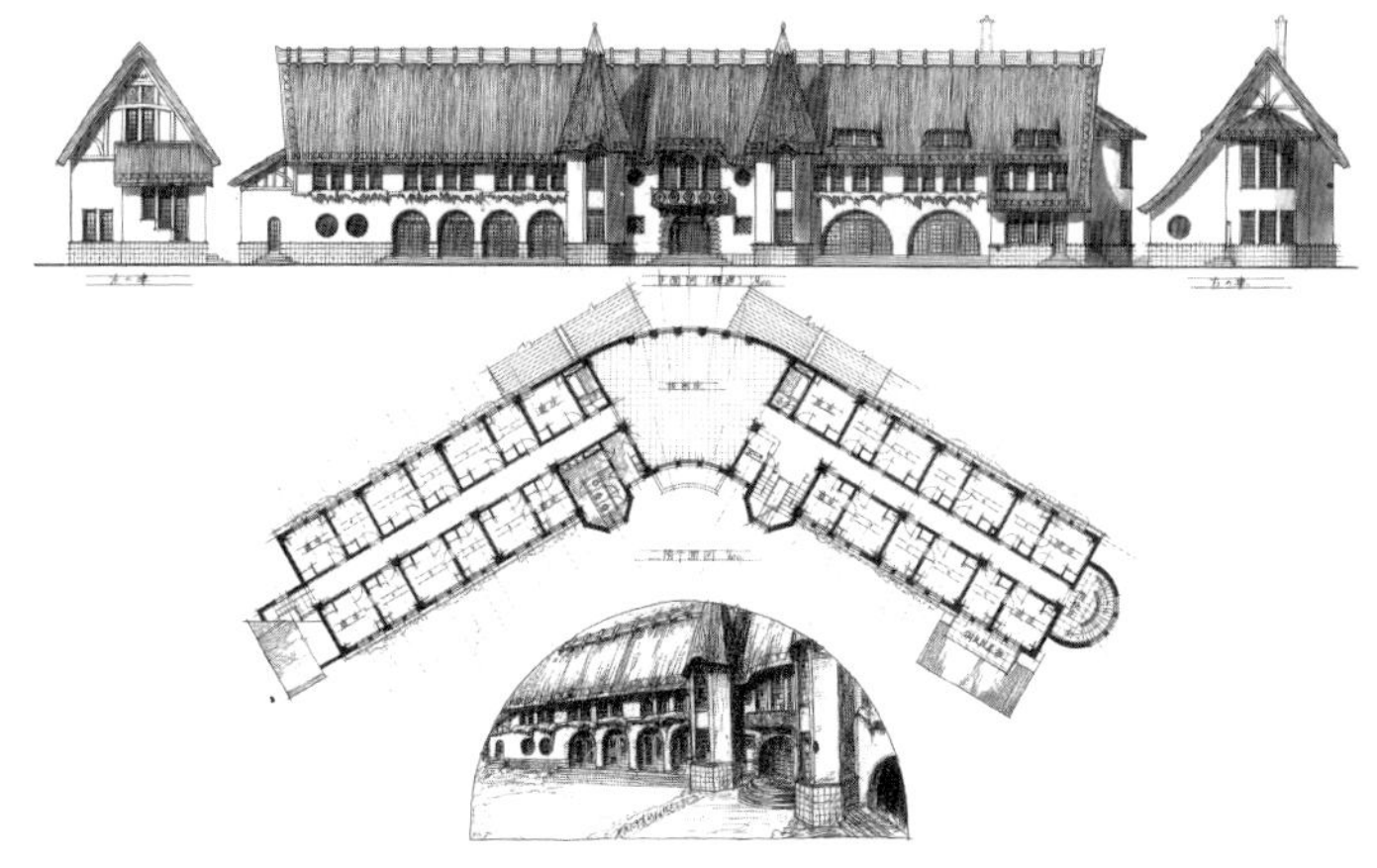

村の温泉

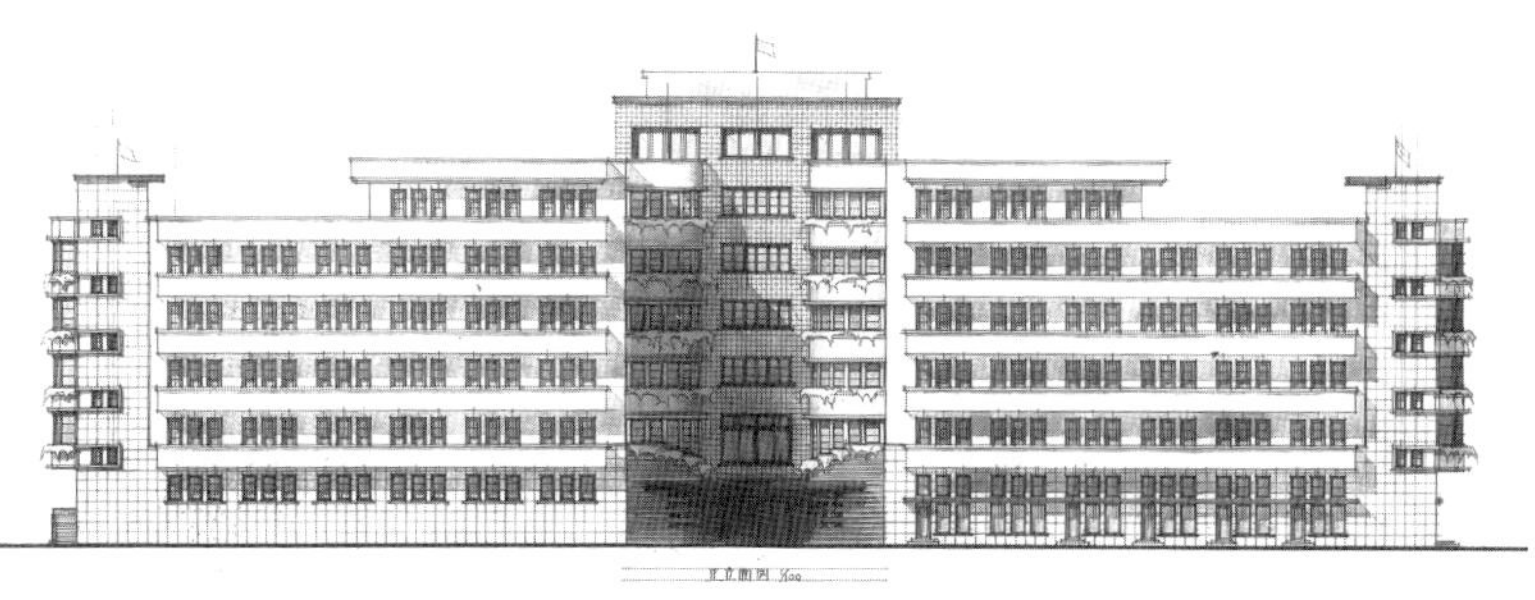

湖畔ホテル

1-5　『建築学研究』創刊号

気もありましたが、給料が非常にいいところがあるからお前行け」と勧められたことで、日本電力株式会社に就職した。そこで変電所の設計に関わるが、一年で退職し、大学院に進んで数年の研究生活を送ることとなる。ここで東畑の秀でた資質を発揮した二つの仕事が知られている。

一つは、建築学教室で一九二七年五月の創刊をめざしていた論集誌『建築学研究』[*7]の執筆編集が託されたこと。語学に長けた東畑は、そこでル・コルビュジエ[*8]の紹介や、バウハウス叢書のなかにあるテオ・ファン・ドゥースブルフ[*9]の造形芸術論などを抄訳して紹介するなど執筆に奮闘した。ここから二〇世紀初頭の新しい建築思想に傾倒していたことが読み取れる。

このル・コルビュジエの紹介記事は第四号（一九二七年八月）に掲載された「ル・コルビュジエ・ソーニエについて」で、氏の建築における特色から、近未来的な都市計画をとりあげて抄訳し、さらに一九二五年に発刊された新しい著作『建築をめざして』を紹介している。つづいて一九二七年発行のJ・J・P・アウトの『オランダ建築』（バウハウス叢書の第一〇巻）、ドゥースブルフの『新構成芸術の基礎概念』を論じ紹介している。それぞれ後の近代建築を拓いた重要な建築書であり、東畑の選書と解題は今日

7　『建築学研究』は京都帝国大学建築学教室に置かれた建築学研究会により編集、刊行された学術雑誌。一九二七年五月に創刊され、一九四九年に休刊。本誌については田中禎彦による「解題」が布野修司監修『待てしばしはない――東畑謙三の光跡』日刊建設通信新聞社、一九九九年発行に収められている。

8　ル・コルビュジエ（一八八七～一九六五）はスイスに生まれ、一九一一年の旅でアテネのパルテノンに出合い建築の本質に触れる体験をしたという。一九一七年よりパリで画家、建築家として活動し、一九二三年の著書『建築をめざして』で新しい建築と機能主義を説き注目された。一九二五年頃にはラ・ロッシュ邸など初期の住宅設計を盛んに行い、一九二五四年の博覧会に「エスプリ・ヌーヴォー」館を出展、また同名の雑誌を刊行して名声を高めた。その後も多数の建築作品、都市計画、著書により、さまざまな国の近代建築に影響を与えた。

的な視点でも的を射ていることに驚かされる。
ドゥースブルフの言説として登場する「空間」と「構成」という用語については、東畑が藤森照信によるインタビュー[*10]に応えて次のように記している。

近い親戚に文学部の西田幾太郎先生の門下のよくできる哲学者がいました（義弟に当たる三木清のこと）。その助けを受けて、こんな言葉をどう訳したらいいかと聞いたわけです。そうしたら、Raumというのは、あき間とかブランクになっているということです。そうしたら、「君、この話を読んでみると、もっと三次元的なものだ、これを空間と訳したらどうだろうか」というわけです。それで空間と訳したわけです。それまではみな平面のブランクという意味に取っていたわけです。
それからGestaltungという言葉がある。これは組み立てていくというような言葉です。それもどう訳したらいいかと聞いたわけです。「それは構成と訳したらどうか」といったわけです。

この東畑の口述について、藤森は「モダンデザインの隆盛のなかで、様式や装飾に代わる言葉を求めていた当時の日本の建築界は、空間の二文字を受け入れたのである」と記している。こうして「空間」「構成」はモダニズムの建築を語るうえで欠かせないものとなった。

9　テオ・ファン・ドゥースブルフ（一八八三〜一九三一）はオランダの画家、美術批評家、デザイナーで、一九一七年に画家のピエト・モンドリアンらとデザイン運動団体「デ・ステイル」を設立し、同名の雑誌を刊行した。著書『新構成芸術の基礎概念』（一九二五）は近代の造形、デザイン思想に多大な影響を及ぼした。

10　東畑謙三・藤森照信「工場建築で基礎を築く」『建築雑誌』一九八七年一月号。

東方文化学院京都研究所の設計

もう一つは、一九二九年（昭和四）頃、武田五一のもとに外務省から漢籍一〇万冊を収蔵する研究施設東方文化学院京都研究所[*11]の設計依頼があり、東畑は指導教授である武田の下で外務省嘱託としてその設計に関わることとなった。こうして東畑の建築の第一作となる設計から工事監理までをやり遂げたことである。

この設計に就くに至る背景には興味深いものがあり、一九七五年頃、東畑は『人文』誌[*12]の取材に応じて詳しく語っている。

大学院生の二年目末、東畑は選ばれて文部省特選給費生となっていたが、その支給期限が近づくころ、武田先生が東方文化学院京都研究所の設計仕事を見つけてきて、「私が見てやるから、この設計をしなさい」と言われたという。設計に際しては外務省嘱託という身分も得られる恵まれた仕事であった。しかし当時はル・コルビュジエに心酔していて建築学の先端的研究に関心があり、支那文化の研究所と聞いて「建物の屋根に反りがあって、上に竜がからみついているような建物を想像して、これは困ったと思った」という。

建築委員は文学部の濱田耕作、羽田亨、狩野直喜らの教授と武田五一で、武田教授の命は絶対であり断れるものではなく、研究所の建築委員長であった濱田耕作教授に意を決して直接気持ちを話すこととなった。先に濱田の「塔と橋」という随想を読み、

11　東方文化学院は中国文化を主とする外務省管下の研究機関として一九二九年に東京、京都に開設された。京都研究所は当初京都帝国大学文学部内に設置されたが、一〇万冊の漢籍などの書庫を備える新館が計画され、一九三一年に完成した。一九四八年に京都大学人文科学研究所に統合され、今日に至る。

12　『人文』誌は京都大学人文科学研究所の年報で、当初は『所報』、一九七〇年より『人文』と改められた。一二号（一九七五年）は「新館落成記念」号となっている。

1-6　東方文化学院京都研究所竣工頃
上：中庭より本館をみる。
下：北東より全景をみる。

その挿絵を見たことで建築のわかる先生に違いないと思った東畑は、「反った屋根や竜はイヤというと、濱田先生は、『お前なにを言うてるのや。わしもあれは嫌や。わしの好きなのはスペインやイタリアの僧院や』と言われて、もうちゃんとスケッチを描いておられ、それを渡されて、『わしはこんなのがええ、東畑、お前やらんか。建築というものは支那の研究をするから支那のスタイルというそんなバカなことはない。建築は建築らしいものやったら良い』と仰られた[*10]」。その一言で胸のつかえが下り、武田先生のところに行って、やらせてくださいということになった。その後も濱田、羽田教授らの話を聞き、スケッチを何度も直してプランができた。

その設計は、瓦屋根と白いスタッコ壁の建築で、円窓やさまざまな半円アーチの窓や戸口を用いるスパニッシュスタイルで進んでいった。それについて東畑は、「武田五一先生はスパニッシュ・ミッションというのが好きなんです。どのようなことをやっても、スパニッシュでやると機嫌がいいんです[*13]」と述べている。スパニッシュ建築、武田のいうミッション建築への武田の理解は早く、一九二二年頃に「理想の新住宅は」と尋ねられた武田は「ミッション式かライト式の新住宅」と答えていたのであり、東畑が取り組むスパニッシュの設計を、良い出来だと満足しながら見守っていたに違いない。

建築地は北白川小倉町、当時は一面花と野菜の畠地で東側は雑木林、遠方には修学院の麓の小山までよく見えたという。そこに一九三〇年一一月、ロマネスクの入った

13　『建築雑誌』一九五七年一月号。

スパニッシュ様式で文献センター、講堂などを収めた高塔をもつ五階建て、中央に丸池を配置した中庭を囲んで研究室が並ぶ回廊式の研究所が建った。特色の一つとなった屋根は当初設計では赤瓦であったが、諸先生の指摘により黒瓦、それも特注の行基葺きのような本瓦葺きとなった。東畑はステンドグラスのデザインから特色ある家具に至るまで図面をまとめ、工事監理にも終始携わった。この経験によって、東畑は現実の建築をつくる充実感を体得したといい、設計実務の面白さを知った。また歴史学者の濱田、羽田らによって中国古代の歴史文化の世界に触れたことで関心を深め、やがて陶磁器、金石など古美術世界に熱中していくこととなるが、それは後のことである。

東畑に建築デザインの能力を改めて見いだした武田はつづいて「大阪で新大阪ホテルをヴェネシャン・ゴシックで設計するので、君は意匠がうまいからディテールを描きに行ってほしい」と言われ、大学院に籍を置いたまま一九三一年春より大阪市嘱託としてその仕事に就いている。そうした設計の現場を経験したことで「建築というものは実際やらんとおもしろくない、学校にいて、書物ばかり読んでいる人生よりも、建築家としては設計をして実務に関わらなければ意味がないという気持ちになってきた」[*10]。それから野心も湧いてきたとも語っている。

ところで、東方文化学院京都研究所の建設工事が進むころだろうか、東畑に武田教授より縁談がもたらされ、一九三〇年（昭和五）春に岩井産業株式会社（のち日商岩井株式会社、現双日株式会社）の創立者でもある岩井勝次郎[*14]の令嬢博子と結婚し妻に迎えている。東畑家のアルバムから、婚儀につづく新婚旅行は五月二日に神戸から上海丸での船旅で、長崎、雲仙、阿蘇を巡ったことが知られている。

向井正也（建築史家、神戸大学名誉教授）によると、勝次郎より子女の縁談を頼まれた関（せき）一（はじめ）（後の大阪市長）夫人が武田五一に相談したことから武田を媒酌人として結婚に至ったと伝わる。

欧米を巡る旅

大学院に席を残して設計に従事する謙三に、事業家の義父・岩井勝次郎はあるとき「学校の先生もいいが、自分の思想が反映できる設計の仕事をやったらどうだ」と熱心に勧め、「頭を切り換えるために、外国へ行って建築の設計をみて思想を固めてはどうか」と言われ、東畑は一九三二年（昭和七）五月より欧米の建築視察の旅に出る計画を立てる。事業家として時勢を見ていた岩井は、旅立つ東畑に「向こうへ行ったら美術建築とか住宅とかはいくら見てもはじまらない。住宅はある個人の思想が入るし人間が小さくなる。それよりも産業的な建築、つまり工場を主として勉強してくるとよい」と助言を与えたという。

欧米の新しい建築は種々の建築雑誌から、そして古建築はフレッチャーの『世界建築史』を手引きにノートに整理し、各地の都市建築ガイドを入手するなど準備を整え

14　岩井勝次郎の伝記的書籍に『創業者岩井勝次郎』（関西ペイント株式会社、一九九五年）があり、岩井勝次郎はじめ事業後継者についても記述されている。岩井についは本章3節で記している。

た。旅は夫人を伴って神戸より六カ月にわたる船旅で、エジプトを観光したあとナポリに始まり、欧州の各地、各都市を訪ねて歴史的建築や現代の目ぼしい建築を巡っている。そこで得た印象は「新建築は写真の方がよく（中略）実物は力に欠けていた、（中略）古建築はその実物に圧倒された。そのなかで特に印象に残るのはルネサンス建築で、ローマのファルネーゼ宮（一五一五年）とフィレンツェのベキオ宮（一三一四年）に感激した」[*15]という。「問題はそのスケール、繰り返し窓は大壁面の小開口部、材料、仕上げ、工法、そして彫刻の精巧さと芸術味とは壁面の粗と相まってひとつの詩を作っている」と建築の在り方、そして表現に目をこらし、実物を知りえた感動を綴る一方で、院生時代にいち早く着目し熱を上げていた欧州の近代建築には期待に反して失望を感じたのだった。また、ロンドンの書店を回った折に古地図、都市図の面白さを知ったこと

1-7　ベキオ宮（パラッツォ・ヴェッキオ）
東畑が旅行前に見ていたという『世界建築史』の挿図写真。

15　東畑謙三「私の建築印象　イタリアのルネサンス建築」『新建築』一九八四年一二月号。

も伝えられている。

終盤のひと月半は米国に渡り、当時経済発展の著しい都市を巡り、その繁栄をもたらす産業建築、工場建築を中心に回っている。実際、当時の米国は経済大恐慌を経験した一方、シカゴ、ニューヨークでは石材に代わって鉄とコンクリートの高層ビルが櫛比し、活況を呈していた時代であり、そうした都市において東畑が最も感銘を受けたのが、書物で知っていた、工場建築で名をはせたアルバート・カーン（一八六九〜一九四二）の建築だった。

カーンの家族はかつてドイツから一八八〇年に米国デトロイトに移住、アルバート・カーンはこの地で建築設計を見習いで学び、一八九五年に事務所を起こして二〇世紀初頭に始まる自動車工場の設計で注目されていた。東畑はカーンの工場建築が集積するデトロイトでフォードの自動車工場、ゼネラルモーターズの自動車工場を回り、ピッツバーグでは鉄鋼工場を視察し、世界に先駆けた大規模で、明るく、機械のように機能的な工場を現地で見たことで、「その壮大さと、合理的な設計には舌を巻

1-8　アルバート・カーンの建築　フォードガラス工場　1922〜23年

いて感嘆した、(中略)なるほど親父〔岩井勝次郎〕さんのいってた建築の行くべき一つの道というのはこのことかと、私は眼を洗われた」と述べている。[*16]

東畑が名を挙げるカーンの建築事務所は当時においても大規模で、最も効率的な組織でもって的確な建築計画を特色としていたのだった。その事務所の働きと、工場建築の設計の双方の新しさに東畑は目を開かれたに違いなく、この旅によって得た知見と感慨が、その後の東畑の歩みを方向づけたといえよう。[*16]

3　東畑謙三をみちびいた師父

ここで東畑謙三に大きな影響を与えた人物をあらためて紹介しておこう。

◆武田五一（一八七二〜一九三八）

一八九七年(明治三〇)春に東京帝国大学造家学科を卒業、大学院に進んだ武田五一は、二〇世紀を迎えた一九〇一年に英国留学し、欧州の新たな建築、モダンデザインの潮流に接した。滞欧中の一九〇三年京都高等工芸学校教授着任の命を受けて帰国、同年創設されたばかりの同校図案科主任教授となる。一九〇八年に再び渡欧し、アール・ヌーヴォーやセセッション式[*17]建築に触れ積極的に受容する。そして一九一九年春

16 『日刊建設通信』一九八二年一二月二九日。東畑の転機としての欧米旅行及び東方文化学院京都研究所の設計については田中禎彦「構成技師という一つの生き方──東畑謙三論」『Gekkan Johoshi』一九九八年六月号に記述されている。同様の論述は布野修司監修『待てしばしはない──東畑謙三の光跡』日刊建設通信新聞社、一九九九年に収載。

17 一九世紀末のウィーンに起こり、わが国にも伝わった近代建築のさきがけとなる建築運動。

1-9　武田五一

には京都帝国大学工学部建築学科の創設委員嘱託となり、翌年秋開設された京都帝国大学建築学科教授として転任した。その後一九三八年に急逝するまで京都帝国大学建築学科の中心を担う。学内での職責を果たしつつ、大阪市、京都市の都市計画にも重きをなし、また建築家として設計を旺盛に行っている。現存する建築には京都府立図書館（一九〇九年）はじめセセッション式の京都帝国大学本館（一九二四年）、和洋館をもつ東本願寺内事などがある。

東畑の大学での思い出では「大学は当時三年制、武田先生の講義は意匠計画第一部として二年生の始めからうけた。私は当時意匠という言葉を異様に感じたのを覚えているが、実際の講義をうける間にすっかりなれてしまった。（中略）武田先生の教育は第一週目に学生の書いた製図課題の草案を一人ずつ前に呼ばれ差し向かっての指導である。師匠より弟子への術の伝授、日本古来の姿そのものである」[*18]と記している。また武田はフリーハンドの天才であり、米国で活躍し始めたF・L・ライトにいちはやく注目したとも伝えている。

また二〇世紀初頭のカリフォルニアで流行をみたミッション建築、スパニッシュ・

18　東畑謙三「武田五一先生の思い出」『武田五一・人と作品』編集博物館明治村、一九八七年四月。

リバイバルが注目されたサンフランシスコでのパナマ・太平洋万国博覧会に関わり、一九一四年より六カ月にわたり渡米したことで、米国におけるスパニッシュ建築に理解と関心を抱いたことが知られている。一九二九年には京都市北区小山上総町でスパニッシュの自邸を建てている。

◆濱田耕作（一八八一～一九三八）

大阪府出身で、京都の第三高等学校を経て一九〇二年に東京帝国大学文科大学に入学、大学院では西洋史学を修めた。一九〇九年に京都帝国大学文科大学講師に着任。一九一三～一六年英国に留学し、科学的、実践的な考古学研究を学んで帰国。考古学研究室の初代教授となる。

主な調査研究は住友家の古銅器調査にはじまり北九州の装飾古墳群、磨崖石仏群など多岐にわたり、一九二〇年代には朝鮮半島から満州地域の遺跡調査を展開し、東洋考古学の開拓に広く貢献した。多くの著作があり考古学の定本とされる『通論考古学』（一九二二）、『百済観音』（一九二六）、『東亜文明の黎明』（一九三〇）はいまなお名高く、一九九三年には『濱田耕作著作集』を残している。濱田青陵の雅号をもち、古美術、建築分野にも造詣が深く、絵も描き著書の挿絵も描いた。

東方文化学院京都研究所の設計では建築委員長の立場に留まらず、武田五一とともに東畑を導いた。同じく建築委員であった文学部教授で東洋史学の泰斗といわれた羽田亨とは京都の第三高等学校、東京帝国大学の同窓生であり、親友だったと伝えられている。

◆三木清（一八九七～一九四五）

三木は京都帝国大学哲学科で西田幾太郎らに学び一九二〇年に卒業。一九二二～二五年に渡欧し主にドイツで学び、ハイデッガー、さらにマルクス主義に傾倒した。帰国後一九二六年に『パスカルに於ける人間の研究』を著し、翌年に法政大学教授に着任。社会主義思想を「哲学」として考究し独自の視座をもった。

東畑謙三の実兄で速見家に養子入りした速見敬二は京都帝国大学で哲学を学んだ哲学者であり、三木清の知己を得ていたであろう。また後には謙三の妹喜美子が三木に嫁いだことで親しい交流があったようだ。前にも触れたが、謙三がドゥースブルフの著書にあるRaumの意味について三木に問うたところ、これは三次元的なものなので「空間」と訳したらどうかと答えたという。東畑が訳語としての空間の用語を使い始めたことが、建築界に敷衍する発端として伝えられている。

◆岩井勝次郎（一八六三～一九三五）

東畑謙三は一九三〇年（昭和五）に、岩井産業の創設者で事業家の岩井勝次郎の三女博子と結婚したことで勝次郎は義父となり、後の半生に多大な感化を受け、また仕事

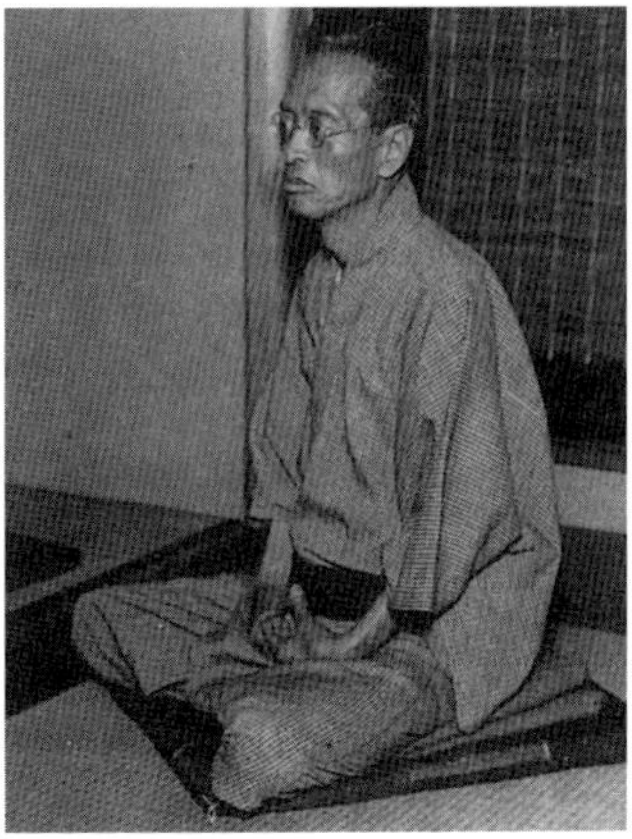

1-10　岩井勝次郎

においても岩井家に関連するさまざまな企業の建築設計を受託するなどの支援をうけている。

事業家として大成する岩井勝次郎の出自は、丹波国桑田郡旭村の農村であった。幕末の一八六三年（文久三）に農家の蔭山家に生まれ、父源右衛門が早世したことで、母の実兄岩井文助の営む大阪南船場の商家加賀文に入店した。やがて能力が認められ、一八八九年（明治二二）に文助の長女栄子の入り婿となり岩井勝次郎と改名、一八九六年（明治二九）に独立して大阪船場の南久太郎町に岩井商店の店を構えた。一九〇〇年には欧米視察を行ったことからロンドンを中心に貿易事業を推進し、一九一二年に株式会社岩井商店として発展させた。明治末に莫大小（メリヤス）工場の経営を始め、大正、昭和にかけて中央毛糸紡績株式会社（後の東亜紡績株式会社）、大阪鉄板製造株式会社（後の日新製鋼株式会社）、大阪繊維工業株式会社（後のダイセル化学工業株式会社）、日本曹達工業株式会社（後の徳山曹達株式会社）、関西ペイント株式会社など次々と事業を拡大し、わが国の産業、工業近代化の一翼を担って発展し、一九四三年には岩井産業株式会社に改まる。その後、日商と合併し日商岩井株式会社、のち双日株式会社となっている。

勝次郎は仕事において厳しさを求める一方、内外に対して公平、高潔を信条としたことから人望を得ている。勝次郎の事業家精神はかつて伊庭貞剛（いばていごう）[*19]のすすめによって禅を学んだことによるという。禅に通う岩井勝次郎の影響で、東畑謙三も参禅するようになった。

勝次郎は禅を通した人材育成および育英事業を目的として、京都西郊の長岡天満宮の隣地で、大学生と雲水を対象とした禅道場長岡禅塾[*20]を計画、一九三五年（昭和一〇）から施設の設計が東畑建築事務所で進められた。

一九三五年末、長岡禅塾の完成を夢見るなかで勝次郎の余命は尽き享年七三歳で没したが、事業は次男の雄二郎によって継承され、一九三九年春に財団法人長岡禅塾が設立された。その建物は次節に記すように、東畑による希有な和風建築として今に伝えられている。

ところで勝次郎は健康意識も高く、六甲山ふもとの緑濃い郊外地の御影町郡家に広い敷地を得て、一九一六年（大正五）に広大な洋風邸宅を建てている。河合浩蔵設計による豪壮な邸宅は建築界でも注目されたもので、岩井

1-11　岩井勝次郎邸（御影町郡家）
河合浩蔵の設計で1916年に建てられた。

花壇といわれた広大な洋風庭園があり、健康維持のための遊歩と家族の憩いのほか社員の遊園もさかんに行われ、塀を築かず地域に開いて散策者を楽しませたという。

東畑謙三はそこで育った令嬢を妻として迎え、ほどなく北側の隣地に東畑も新居を建てた。御影での暮らしによって東畑は岩井勝次郎とさらに密接な関係をもつこととなった。

19 伊庭貞剛（一八四七～一九二六）は幕末期近江に生まれ、一八七九年に住友に入社、別子銅山事業で活躍し、後年住友総理事を務めた実業家。

20 『長岡禅塾』（公益財団法人長岡禅塾、二〇一七年）によると、一九三八年七月に施設が竣工、一九三九年四月に開塾している。

4 東畑謙三建築事務所の開設と発展

独立と事務所の立ち上げ

欧米旅行から帰った東畑は一九三二年（昭和七）末、義父・岩井勝次郎から三重県四日市に創業する新工場の計画も知らされていたのだろう、その設計に応じるため同年一二月一三日、大阪の堂島ビル内に東畑謙三建築事務所を開設した。時に東畑は三〇歳、谷信太、尾崎教一、大岩豊の所員三名での創業で、すぐさま中央毛糸紡績四日市工場の設計に取り組み、翌年春には、四日市市楠町（くすちょう）の南川地区に立地する六万坪を超える敷地に、鉄骨造を主とする工場本館、事務所棟、倉庫、汽缶室などの建設工事が着手された。それまでに山口吾郎、蜷川光太郎が所員に加わり、事務所は淀屋橋南の三菱信託ビル内に移り仕事場を固めている。一九三四年春の竣工に向けて工事が進むなかで伊藤忠兵衛（一八八六〜一九七三）に認められ、新たな仕事が次々と舞い込む。

初代伊藤忠兵衛は幕末期に近江の呉服商紅長（べんちょう）のもとに生まれ、長じて独立し近江麻布を各地に行商して栄えた。初代没後に事業を継いだ二代伊藤忠兵衛は一九一八年に株式会社に改組し、伊藤忠商店（後の丸紅）、伊藤忠商事を設立し、実業界で活躍した。郷里に豊郷病院を創設し、神戸で甲南学園を経営するなど教育事業にも尽力した実業家であった。

東畑は二代伊藤忠兵衛の知遇を得て、浜名紡績新居（あらい）工場（呉羽紡績）、大建産業、呉羽ゴムの工場を建築、さらに八幡製鉄（後の新日本製鉄）の仕事では八幡、広畑、室蘭の工場建設に関わり、やがて仕事は全国に広がってゆく。

工場建築の設計には生産性、経済性が求

1-12　東畑謙三建築事務所が開設された堂島ビル

められるのは無論のこと、施設には事務所棟があり、社宅、工員住宅や食堂など生活環境も伴うものである。そうした総合的な設計技術を開拓したことで、東畑謙三建築事務所は中央毛糸紡績（後の東亜紡織）と呉羽紡績（後の東洋紡績）を皮切りに日本各地の紡績工場、八幡製鉄の工場、さらに天津や台湾での仕事も伸ばし、工場建築の先駆者として実績を重ねることで事業を確立してゆく。

工場建築、産業施設の設計に取り組むなかで、東畑は一九三八年に禅寺のような長岡禅塾の建築を残している。その端緒は先述したように義父岩井勝次郎に導かれて禅に学び、新たな禅塾の創設に関わったことによるものだった。数年をかけて禅堂を中心とする壮大な和風伝統様式による禅塾施設の設計を行い、長岡天満宮の西に位置する丘陵地の麓三千坪余りの敷地に本瓦葺き寄棟造の禅堂を高所に配置し、前庭を挟む西に瓦葺き木造の玄関棟、書院棟、管理棟、食堂、庫裏、寮舎、隠寮が二つの中庭を囲んで建ち並ぶ壮大にして閑寂な長岡禅塾が創建された。禅塾の施設は後年にも正門、二階建ての柴庵など建て増しされ、静謐なる禅の空間、そして大型民家を想起させる闊達な和の建築が生み出され、東畑建築の幅の広さを知るのに欠かせないところになっている。

事務所分室「清林舎」の設置

三菱信託ビルに置かれた東畑謙三建築事務所も年々手狭となったことから、一九四

1-13　財団法人長岡禅塾
上：全景
下：中庭正面の禅堂

〇年（昭和一五）に豊中市螢池に木造二階建ての大きな社宅のような分室を建てている。一階には二〇名が働ける製図室、食堂、管理人室、二階は七名の独身寮とした建物で、庭は広く、記念樹の銀杏や笹竹を植え込み、菜園、畠地もあり、弓の射場まであった。田園郊外の環境と唐詩の「清風竹林に満つ」に因んで「清林舎」と呼ばれた。独身寮については一九三四年に淀川を渡った十三付近に設けていた先行例があり、小説『草煙万里』になぞらえて「草煙舎」と呼ばれていたと伝わる。

所員、とりわけ成長期の若手の職住環境について、東畑は「清林舎を創るの記」として次のように述べている。「（前略）すきを入れない迄に磨かれた技術の間に有機的なる連絡を保つものはやはり共通した人間性である。即ち仲の良き気の合った同志が協力一致する処に良き建築の設計が出来上る。鋼鉄の玉の如き若き秀才の為めに一屋を建てたのもこの個人間に一種の社会性を持たしたい為めである」[*21]。

従来より設計組織に関して、さまざまな専門性をもつ有能な所員が統率された下でつながり、才能を発揮できるチームづくりを目指してきた東畑である。清林舎は際立った表現の建築ではないが、清々しい地で共同的職住環境が生まれたところに独自なものがうかがえる。

昭和初期の大阪の建築界

東畑の立った昭和初期、大阪の建築界はどういう時代であったか。その世代のすぐ

21 「清林舎を創るの記」『建築と社会』一九四一年二月。

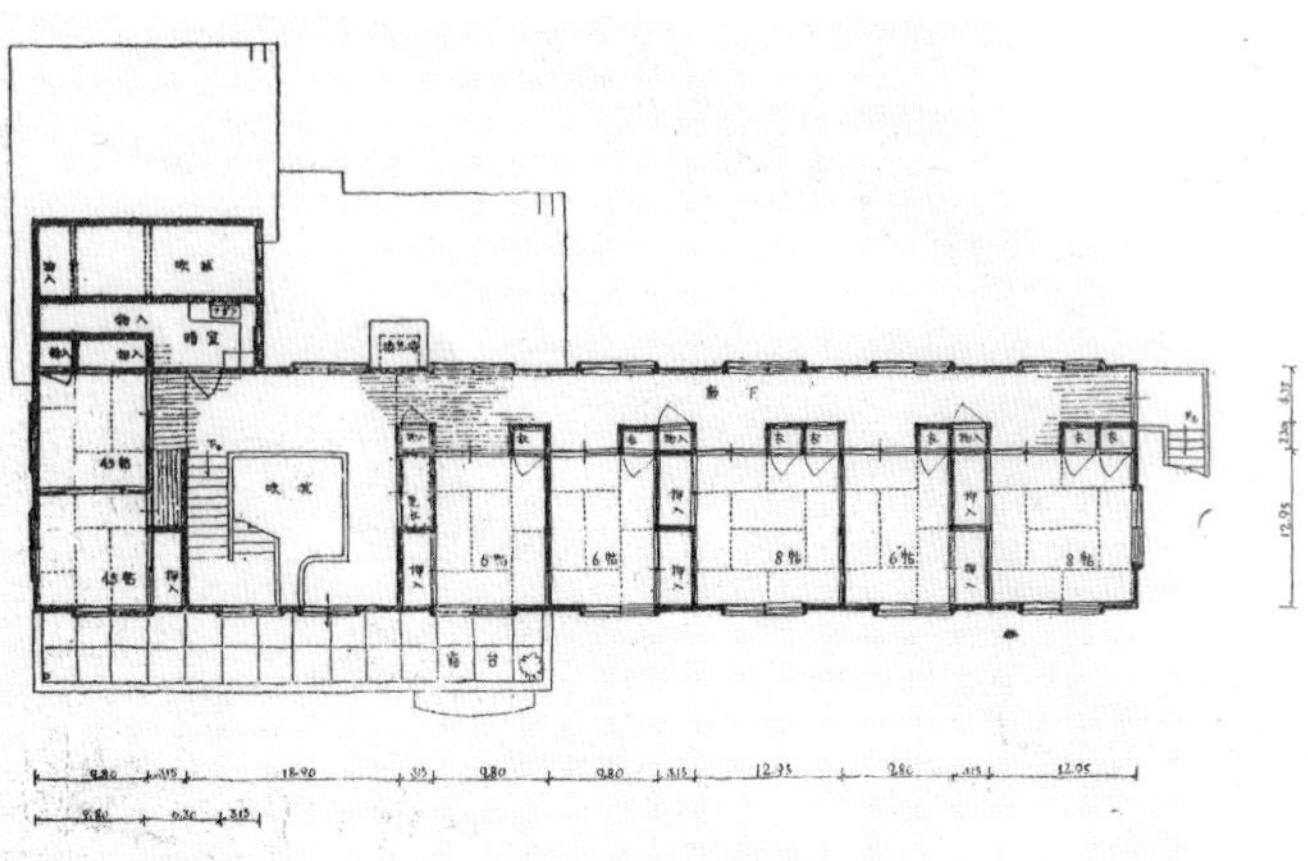

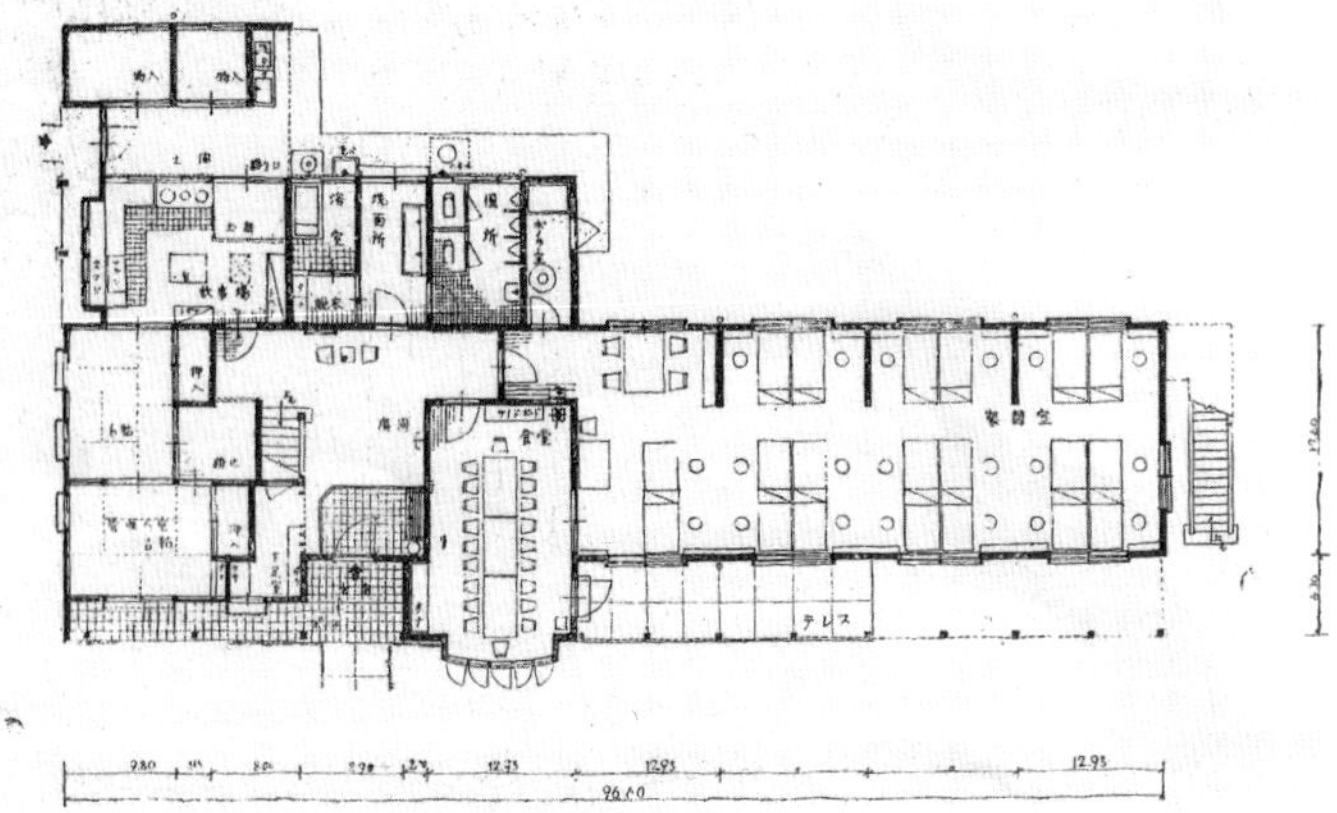

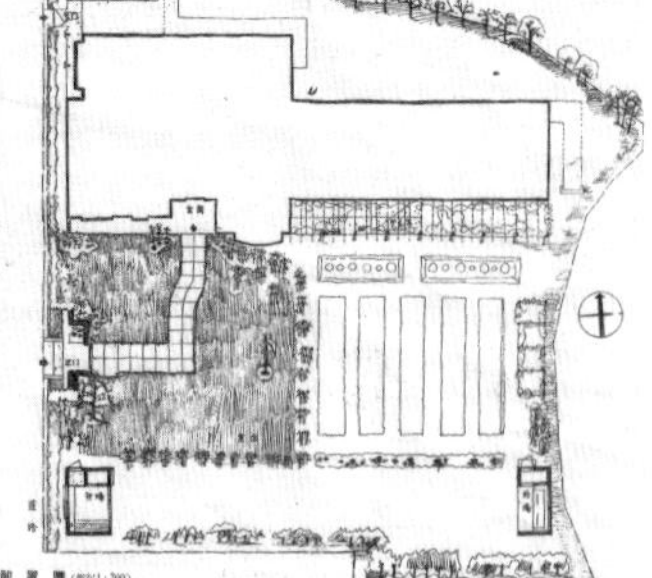

1-14　清林舎（豊中市）
階下は東畑謙三建築事務所分室で２階は所員寮。
上：1、２階平面図。
下：全景写真、敷地配置図。南に前庭と畑地を配置している。

前には、東京で分離派建築会を立ち上げた堀口捨己らの活動があり、すぐ後には、ル・コルビュジエを目指した坂倉準三や前川國男らのモダニズム世代がつづいていた。

生前の東畑の談として、石田潤一郎が書き留めているところによると[*22]、当時、関西建築界の大立者として片岡安、武田五一、渡辺節、松井貴太郎があり、安井武雄、村野藤吾らが次の世代のホープと見られていたという。

つまり関西建築界を統括してきた片岡建築事務所（元、辰野片岡建築事務所）があり、そのもとから伊藤正文が大阪市営繕課に移り、つづいて独立した安井武雄は大阪ガスビル（一九三三）で脚光を浴びようとしていた。片岡自身はその頃、事務所を石本喜久治に託し、大阪商工会議所副会頭におさまるなど政財界活動に重心を移していた。そして渡辺建築事務所の名作となる綿業会館（一九三一）の設計を期に、一九二九年に独立した村野藤吾は森五商店ビル（一九三一）の設計でオフィスビル建築に新風を巻き起こし、つづいてそごう百貨店に着手していた。また歴史のある設計組織として歩んだ住友営繕は、大阪証券取引所の仕事を期に、一九三三年長谷部竹腰建築事務所として独立しようとしていた時期であった。まさに社会が経済不況の兆しを見せ、建築界の世代交代、組織の変革が進み、一方で機能主義に導かれる新しい建築が台頭しつつある時代であった。

22 「関西建築界の巨人たち」『建築と社会』一九九九年五月。

建築技師を標榜して

東畑謙三建築事務所開設の一九三二年に始まる第一作として取り組んだ、中央毛糸紡績株式会社四日市工場（現トーア紡マテリアル株式会社四日市工場）は竣工後九〇年を経ていまも四日市市楠町に当時の工場建築群を留めて操業している。その工場建築は次章で紹介されているように、鉄骨の構造、ガラスの採光窓など特色あるもので、東畑の設計における工夫が随所に見てとれる。

東畑は工場建築の設計について数編の文章を残している。その一つに「工場建築の二つの行き方」[*23]がある。そこではアルバート・カーンによる米国ダッヂ自動車会社の工場と、ドイツの純理的性格を代表するというオスタスによる食品製造会社の工場を例にあげ、工場建築がどのように生産システムに関連するかを説き、それに向かう設計の理念について次のように述べている。

工場建築とは広義に之れを解釈すればこの生きた生産工業の三要素たる物、設備、人とをある一定の目標に向かって、組織立たしめる術である。（中略）例へば製品の流れを考へて機械や室をよどむところ無く配置して死空間を無くし無駄をはぶくこと、如何にして材料を節約して建設費を廉くするかを考案すること、採光、通風災害を考究して人の労働力を安全強化させること、又将来の発展に対す

23　『建築と社会』一九四〇年八月号。

る見通しを考量して計画に伸縮性をもたすこと等いづれも工場建築の考究すべき範囲である。

広く見ると、工場建築とは紡績会社において、また製鉄工場、さらには化学工場においてそれぞれの生産システムの要求する機能に従う形態、つまり形態への合目的性に則した建築といえる。そこに東畑は近代において探求すべき自らの課題を見出してゆく。

少し後のことだが、一九八五年春に東畑は浦辺鎮太郎によるインタビュー[*24]のなかで、こう語っている。

私は建築家ではなしに建築技師というわけです。（中略）話は根本的になりますが、建築家といい、芸術家といい、周囲の人がつける名前であって、その人はそんな気持ちでやっていないと思います。われわれは建築家というより、ある一つのことを構成する技師であると思っております。それで、私は人から建築家とか芸術家と言われるの

1-15　中央毛糸紡績四日市工場（竣工頃）

が不思議でしょうがないんです。組織を構成していく技師だと思っているのですが、(中略) 建築もこれだけ専門が分かれてくると、一人の人だけの専門ではできない。組織でやらなければいけないというのが私の主義です。そうすると構成してゆく術の人が上に立っていないとできない。そういう点では私は構成技師と言いたいわけです。

建築を機能、及び部位による構成とみた東畑は、合理主義を観念的な思想に留めず、建築活動においてもさまざまな専門的技師による組織化へと向かうのだった。

やがて、戦時下に至り繊維工場の建築工事はなくなるが、軍施設のさまざまな設計を受け入れた。

「世の中、激変しても住むということ、物を造るということに対しては建築が伴うもので、建築というものはどんな状況の時でもあるものなのです」[*25] と当時の状況を東畑は振り返っている。

社会の求めに応じる設計業務は減じることはなかったが、若い所員は次々と召集され、建築資材は限られていく。そうした時代のもとで、東畑の対応は「我々はプレハブ的な工法を考え出して、宿舎、病院などを一、二階タイプ別に標準化したのです」と振り返り、こうした設計による建築工事の省力化とスピードで戦時下の建設需要に

24 「東畑謙三　建築人生を語る」『日刊建設通信』一九八五年一月三〇日。

25 東畑謙三「東畑建築事務所の五〇年を振返って」一九八二年一二月の手記。

応えていった。

5　戦後期の対応と新時代の発展

一九四五年（昭和二〇）夏の終戦のあとに残されたのは荒廃した国土と資材の欠乏ばかりで、建築事務所はことごとく設計の術もなくしたが、東畑には幸いにも千里丘に入手しておいた三千三百坪の農地があり、所員とともに土地を耕し、野菜を育てて生活の支えとしたこともあったという。そして建設事業に乗り出す試みも行った。

その端緒は伊藤忠兵衛の誘いをうけて一九四五年末に数社の協力で始めた輸入木材会社・加奈田木材株式会社と第一建設会社設立の試みだったが、どちらも頓挫した。その後一九四六年秋に山口吾郎の協力を得て不二建設を設立し、建設事業に乗り出した。得意としたのは組み立て式住宅で、四八種の部材を岐阜でつくり、現場で組み立てるというプレハブ工法の先駆けであり、その先見性には驚かされる。まもなく設計仕事の受注もはじまり一九四七年後半頃に呉羽紡績工場の修復と新増築設計の仕事を受注したことで、休止していた東畑謙三建築事務所は再開を果たした。設計業務が軌道に乗った一九五〇年一月に不二建設を分離し、本来の設計事務所体制に戻り、所員も年ごとに増員した。

住吉の自邸一九四八年

東畑夫妻の住まいは、新婚時代に御影町郡家、岩井家の邸宅近くに設けていたが、その記録は残されないまま一九四五年の神戸空襲を被災し失っている。まもなく水害の怖れのない住吉山手に取得していた敷地に、トタン葺きに石積み屋根で、東畑自ら「バラック」と呼んだ簡便な住まいを設けた。そして改めて自邸の設計を進めて、一九四八年に「バラック」の面影を残したような平屋建て切妻造りの自邸を建てている。緩く南に下る敷地で、高低差を生かして南面に地階物置を収めており、広い庭からは高床に見える清々しい住宅である。和瓦切妻造りで和風を基調にした洋風住宅で、玄関につづいて小ぶりなホールがあり、一二畳大の食堂を兼ねる居間には椅子式に合わせた床の間、暖房にはペチカを備えた。四畳半の茶室のような和室もあり、意匠、設備に特色をもつ、合理的にして趣のある住宅設計であった。

生前、家は小さくて良いと語っていたとおりの住宅で、玄関脇の書斎は二畳ほど、来客は居間で迎えたようで、庭では健康のために畑もやり、鶏も飼われていた。家族本位の住宅であったが、ここにしばしば所員を招き、新年には所員一同で祝いの集まりが行われていたという。

1-16　東畑自邸　1948年

1-17　東畑家に集う事務所所員　1953年正月
2列目左から2番目の着物姿が東畑謙三。

一九五〇年代という時代

戦後復興期、日本の経済回復の足取りは重く、しばらくは生産、工業施設優先の時代がつづくが、一九五〇年に至り、建築関係資材統制が解除され本格的な建設時代に入る。東畑謙三建築事務所はこの時期に、戦前より実績を積んでいた産業、工場建築の仕事を目覚しく拡大させている。

一九五〇年春、兵庫県が主催し王寺公園一帯を会場として開かれた神戸博覧会（日本貿易産業博覧会）において、東畑謙三建築事務所は最大規模のパビリオン「世界館」の設計を担当し、大スパン、大規模木造で応えている。神戸博覧会は大戦後の日本、大戦後の世界を視野に入れさまざまなテーマを謳ったもので、関西の産業発展に寄与した事業と言われている。

東畑謙三建築事務所は一九五一年に株式会社東畑建築事務所に改組され徐々に部署制が導入される。一九五七年には大阪市東区伏見町四丁目に新たな社屋ビルを建てて事務所を移転し、九州支所（一九五七年）、東京支所（一九五八年）、

1-18　神戸博覧会世界館　1950年

名古屋支所（一九六〇年）が相次いで設置されている。設計業務の幅は広がり、所員数も数十名へと拡大をつづける。当時の大規模な建築では大阪国際見本市会場（一九五五年）、法円坂住宅（一九五八年）、大型スーパーの走りとされる四日市のオカダヤ店舗[*26]もあり、一九五九年には大阪営林局庁舎、大阪府農林会館など公共建築も残している。

26 店主の岡田卓也は東畑謙三の兄敬二の遠戚であった。オカダヤは近年のイオングループにつづいている。

モダニズムの作風

この拡張の時期において、従来の産業建築を担う一方で、東畑謙三の個性を表す一連の建築が生まれている。関西ペイント本社ビル（一九四九）、富士フイルムビル（一九五二）、三重県立博物館（一九五三）、徳島ビルディング（一九五七）などであり、戦後復興の時代における東畑（謙三）建築事務所の作風を示している。

とはいえ、建築メディアで注目されるような目立った建築では決してなく、「東畑さんらしい堅実なデザイン」と評されていたようだ。それは建築主、地域においては望ましいことであって、建築には目的とする機能、経済や持続性などさまざまな課題があり、それらをバランスよく実現し中庸を得た建築であることがわかる。そうした作風が東畑建築事務所の表現とも言われるのであるが、控えめな意匠のうちに、よく選ばれた資材、絶妙なプロポーションとディテールがあることに気づくのだ。

関西ペイント株式会社は、近代工業が勃興する時代に岩井勝次郎が塗料製造に着目し、一九一八年に創業している。塗料工業ではやや後発だったが、スーパーワニスの開発など研究開発力で成長し、相談役にいた勝次郎は一九三四年に自ら社長に着任し、世界的塗料会社に導くなど重きを置いた事業であった。戦後復興時代に本社ビルが計画され一九四九年に竣工した。東畑においても気合いを入れて取りくんだものに違いなく、丹念な検討から生まれたデザイン密度の濃いオフィスビル建築となった。距離を置いて眺めると、タイル張りの壁面に巧みに割り付けられた矩形窓の並ぶモダンな建築であるが、注視するとファサードの縁に回された曲面状の袖壁、正面脇に配された飾窓、壁面を分割する金色モザイクの目地、そして中央玄関の脇には古代エジプトの油壺にちなむという御影石のオブジジェが置かれていた。その由来について社の古老が東畑に尋ねたところ、「ここはペンキ屋で、建物を美しくする仕事をしているから、化粧油の壺を置いたのだ」と言われた由。

モダンでインターナショナルな造形を目指しつつも、個の表現にこだわる東畑の一面がうかがえるものであり、合理性を基軸に置き、建築に強靭な存在感と品格を与える意匠構成

1-19　関西ペイント本社ビル　1949年
2階窓は後年に改修されている。

は、その後の建築にも引き継がれる。

富士フイルムビル

富士写真フイルム株式会社は岩井家の事業の一つであった大日本セルロイドを継いで一九三四年に創業した会社で、二〇〇六年に改称した富士フイルム株式会社につづいている。

一九五二年に建てられた七階建ての本ビルは戦後の御堂筋における初の鉄骨鉄筋コンクリート造建築となったもので、竣工の記録が日本建築協会の『建築と社会』誌一九五三年八月号に掲載されている。

それによると「外壁は一寸八分角モザイクタイル貼り、目地タイル八分角モザイクタイル貼り」とあり、乳白色のモザイクタイル張りで、壁面は約三尺ピッチの割付で目地タイルが張られていたことがわかる。また「パラペット上部二丁掛けタイル貼り」とあり、建築の頂部二尺を黒釉二丁掛タイルで見切り、黒御影石の低層部と呼応した構成に特色があった。この石とタイルの構成は、関西ペイント本社ビルからつづくものであったが、曲面ガラスを用いたコーナーにより、正面から回り込む南側壁面を一体のものとした表現を試みている。このデザインは、御堂筋の北に二〇〇メートルも隔たっていない大阪ガスビルに通じるものがあり、その手法はやがて広く流布することとなる。

玄関ホールに入ると、外観に見る整然とした印象から一転して滑らかな流動感のある空間であることに驚く。人の行き交うフォトサロンの空間はトラバーチンの床と茶竜紋の大理石張りの湾曲する壁面で、吹き抜け空間によって二、三階につづいていた。そして三階天井面にはモダンなシャンデリアが設置され華やかな演出となっていた。要所に使われた大理石とトラバーチン、真鍮目地のテラゾーによる空間構成とディテールによって、このビルは五〇年代における名建築の一つに数えられている。

東畑によるこの白い箱型や格子状の構成による一連のモダニズム建築に関して、かつて田中禎彦は次のように指摘している。[*27]

「一定レベルの建築を、一過性の『作品』として終わらせることなく、デザインスタンダードとして社会に供給する意志があったのではないか」そして「自己主張をともなう芸術的なデザインを排し、機能的な要求をまとめ、全体にシステムを与える」、す

1-20　富士フイルムビル　1952年

27　田中禎彦「技術主義と作品主義のはざまで──富士フイルムビルディング」『まちなみ』二〇〇二年九月号。

なわち機能からの構成としての建築に「グロピウス的なもの」を見るという。

たしかに工場からモダニズム建築へと向かう東畑のアプローチには、二〇世紀初期にデザインと技術の統合を理想としたワルター・グロピウスの活動に通じるものがある。グロピウスの建築思想は、工業化と社会学的視野より発したものであり、建築作品は新たな技術導入とともに古典的とも見える揺るぎない均整感と存在感をそなえている。そうした建築の社会性と建築観においても重なっている。

三重県立博物館

三重県立博物館は戦後復興期といわれる一九五二年に、東畑が三重県より設計依頼を受け、一九五三年六月に開館したもので、東海地域では初めての公立博物館となった建築だった。敷地は元藩主の別荘「御山荘（ごさんそう）」に由来する偕楽（かいらく）公園のわきに位置し、明治期には参考館（三重県勧業陳列館）が所在した地であった。建物は鉄筋コンクリート造二階建て、白い横長箱状の中央部に頂部に届く三本の角柱を建てて玄関ポーチを設け、シンボリックな正面を構成している。先年の関西ペイント本社ビルを思わせる端正なモダニズム建築であり、二丁掛タイルとテラゾーブロックの壁面を紐状のモザイクタイルで分割するラインを入れるなど、表現にはこだわりを見せている。

窓の配置もこだわりがあり、一階窓は両袖にガラスブロック積みを入れることで横長形としたのに対して、階高の高い二階窓は縦長窓で入念なバランスを示している。

平面プランは明快で中央部にホールを置き左右を展示室としており、建物中央に立つと背後には公園の緑、前面には栄町に至るまっすぐな公道がつづくという配置に特色があった。

本館の南にはゆったりした渡り廊下でつづく木造の管理棟を置いており、空地であった北側には一九六六年に東畑の設計で県立図書館棟が増築されている。一三年を隔てる両建築の意匠には興味深いものがあったが、二〇一〇年に総合文化センターの完成により閉館されている。

1-21　三重県立博物館　1953年

五〇年代の住宅

東畑は一九五〇年から一九六〇年代はじめにかけて一〇件ほどの住宅を『新住宅』[*28]誌上に発表している。同誌は小林清を編集発行者に迎えて一九四六年九月に創刊された住宅雑誌で、関西を中心に戦後の新しい住宅をテーマとしており、建築界に留まらず広く普及した。

最初の収録住宅は「甲南大学学長の住宅」で、一九五三年の設計だった。甲南学園は戦後の新制中学校、新制高等学校をはじめとして東畑建築事務所に設計依頼された

28　かつて住宅改良会により刊行された『住宅』(一九一六〜一九四四)を継いで、大阪の小林清により一九四六年九月に雑誌名を『新住宅』に改めて刊行された。

校舎が多く、浅からぬつながりがあった。学長住宅の要件はさまざまであり、接客のための諸室、設備の要望にも対応したものであるが、鉄筋コンクリート造平屋建てで、明るく、明快な住宅として設計されている。その構成上の特色は南面のデザインに見られ、水平に伸びる庇、広いテラスにあり、テラスの先は石積みとなり庭につづく造景が新しさと自然味を表している。この鉄筋コンクリート住宅の明快な表現が、あくる一九五四年に設計された東畑自邸（清林舎）へとつづいている。

この自邸（清林舎）は、住吉山手の旧邸敷地内に建てられた東畑夫妻の新邸で、鉄筋コンクリート造で浅いカマボコ型のヴォールト屋根、屋根スラブ裏面がヴォールト型の天井となるという、斬新な工法の住宅だった。その一方で新邸の間取りは洋風居間の設備、和室の意匠など各部に旧邸との共通性があり、生活の連続性に留意していたようでもある。

また、小住宅の一つに、一九五九年に設計された「Iさんの家」[*29]がある。

「Iさんの理解ある態度で、ほとんど自由にすることができ

1-22　東畑自邸（清林舎）　1954年

た。食堂を兼ねた居間、和室、寝室よりなる小住宅。（中略）屋根はエンドレス鉄板を用いて軽快さをねらい、南側軒先を深くし、ライトグレーのペイント仕上げで、小屋裏断熱テックスと共に夏の日射を防いだ」と記され、建坪三二・九坪の小住宅だったが、居間にはガスストーブの暖炉があり、台所の設備も整っている。

この施工会社は不二建設であった。前に触れたように同社は戦後の一九四六年に東畑が起こした建設会社で、プレハブ方式を特色として需要に応えたことが知られている。そうした連携の下で建築されたモダンな住宅であり、新しい資材が活用され、良質な木製ガラス建具、ガラリ戸など生活本位の暖かいデザインも目をひくものがあり、当時の東畑の住宅観がくみ取れる住宅となっている。

また当時は公営による良質なコンクリート住宅建設を目指して、一九五五年に日本住宅公団が設立され、一九五七年には千里ニュータウンの開発計画も始まり、本格的な住宅供給時代を迎える。

そうしたなかで東畑建築事務所は千里丘共同住宅（一九六一）

1-23　Iさんの家　1959年

29　「Iさんの家」『新住宅』一九六〇年一月号。

など公営住宅に関わり、また都市における住宅公団の先駆的なアパート建築を残している。一つは大阪の都心、史跡難波宮公園に隣接する法円坂住宅（一九五八）、もう一つは兵庫駅前の中心市街地に位置する兵庫駅前市街地住宅（一九七二）などである。前者は典型的なモダニズムデザインの鉄筋コンクリート造八階建ての長大なアパートで、いまなお新鮮なモダニズムの魅力を保持している。後者は二〇階建ての高層住宅で低層部に商店、体育館、ホールなど公共的施設を配置したデッキを展開し、その上部に二棟の住戸棟及び公園を配置したもので、その後の市街地再開発の一つのモデルとされたものである。

1-24　法円坂住宅　1958年

6　教育者・建築人として

建築を学問的に愛せよ

東畑は戦後、設計活動がようやく再開された一九四七年（昭和二二）より、母校の京都大学[30]建築学科に招じられ非常勤講師を務めている。加えて翌年からは大阪大学建築工学科の講師も引きうけており、多忙な中で、親子ほど歳を隔てた学生の教育指導にも熱心に取りくんだ。

戦後の新時代に建築を学ぼうとする学生に接してきた東畑は「建築を志す学生諸君へ」[31]と題した文章で、自ら歩んできた人生を踏まえて、確信に満ちた助言と期待を述べている。

私が若い人に望みたい事は建築への道はそう容易に考えてはいけない事である。もっと基礎学科を学問したい事である。目的の本質を考究する事、近代の生産過程をへて創られた建築材料の性質を研究する事、構造学の基礎理論を深く研究する事、等建築への道はそう簡単ではないのである。（中略）表面のみの建築を愛せずしてもっと建築を学問的に愛せよと言いたいのである。ポスターにある様な建

30　京都帝国大学は一九四七年に京都大学に改称され、一九四九年、第三高等学校を統合して新制大学となった。

31　「建築を志す学生諸君へ」は『建築と社会』一九五一年八月号。

築が本当の建築であると思ったら大変なのである。

一九五一年に東畑の授業「建築計画各説」を受けた、当時大学三年生だった金多潔（京都大学名誉教授）は『建築と社会』の東畑謙三先生追悼一周忌特集で次のように記している。

週に一度の講義の際、東畑先生から毎回いろいろな工場の設計図面（青写真）が教材として配られ、製鉄所や機械工場のレイアウトなどの計画の仕方について興味深いお話があった。教材の図面が大変綺麗に画いてあるのに感心した。[*32]

実例を踏まえた具体的な授業だったことがわかる。「先生は、いつも定刻通りに教室に現われ、二時間近く立ったまま堂々たる体軀から出る朗々たる声でゆっくりと講述された。誰にもわかり易く素晴しい講義だった」という。東畑先生の姿勢は実直にして建築家の矜恃を示した印象深いものだったようだ。

それより数年後の一九五五年に大阪大学で講義を受けた紙野桂人（大阪大学名誉教授）も『建築と社会』同号で「教育者としての東畑謙三」[*33]を記している。当時の工学部は大阪市内でいまだ戦禍の残る東野田にあり、建築工学科の施設環境は極めて悪く、スレート葺き平屋の粗末な製図室で行われていた設計実習の様子を回想したものである。

32　金多潔「京都大学建築学科と東畑謙三」『建築と社会』一九九九年五月号「東畑謙三先生追悼一周忌特集」。

33　紙野桂人「教育者としての東畑謙三」『建築と社会』一九九九年五月号。

ほこりっぽい倉庫のような灰色の製図室に、先生はいつもきちっとした背広姿で姿勢正しく入って来られた。そして室中央に私たちが急ごしらえした指導の座を前にして一言。「ここは建築の設計をするところではありませんな」と、決して嫌味に聞こえない気楽な雰囲気で言われたものであった。設計をする場所ではないと言われた意味について私は後でこう理解した。それはひとつに、建築設計をするもののマインドが豊かであるべきことの重要性を何かにつけて指導された点と結びついている。（中略）

先生の指導で心に残っているのは、計画条件の解決を積み上げていって答えを出すことを重視する合理性を比較的強く求められたことである。（中略）それと並んで先生が重視されたのは、窓と壁の相互の響き合いを外観の形に向けていかに心地良く定めるかというデザイン力にあったように思う。私は関西のとりわけビル建築に、その良い伝統があったように思う。大阪ガスビルにそれがあり、富士写真フイルムビルにもそれがある。新大阪ビルの村野藤吾先生は、そこからさらに新しい形を意図されたように思う。（後略）

知命の歳を迎えようとする東畑は泰然とした紳士として学生に接し、その言葉は穏やかにしてユーモアを交えつつ的確なものだったという。

日本建築協会と日本建築総合試験所

建築界における貢献もさまざま知られているが、東畑謙三が最も熱心に関わったのは日本建築協会だったと、佐野正一（日本建築協会名誉会長）は記している。

同協会は片岡安[*5]を中心に関西の建築家が結集して一九一七年（大正六）に創立された建築団体で、会誌『建築と社会』の刊行など、建築界はもとより社会に向けて建築文化の発展普及活動をつづけて今日に至っている。本会の創設より戦前期を通して会長を務めた片岡安は東畑の師武田五一と東京帝国大学の同期生であり、東畑は武田を介して協会活動に関わっている。当時、京都大学建築学教室で発行されていた『建築学研究』も、後に協会の協力で刊行をつづけたこともあった。

戦後一九四六年に竹腰健造が二代会長を継ぐが、東畑はその頃より役員として竹腰を補佐し、副会長を経て一九六四年より一九七一年まで四代会長を務めている。東京オリ

1-25　日本建築協会創立49周年を祝う東畑謙三（1966年3月）

1-26　『建築と社会』創立50周年記念号（1967年3月）

ンピックの年に始まる時代は高度経済成長期であり、関西では千里ニュータウンの開発、日本万国博覧会（大阪万博）に向けた都市整備が進んだ。日本建築協会も建築界の公的役割を担うが、その舵取りを務めたのが東畑で、協会においては創立五〇周年を迎えるさまざまな事業もあった。

また日本建築協会会長就任前後の貢献として、千里に設立された財団法人日本建築総合試験所の立ち上げがある。その計画は一九六三年、塚本猛次協会副会長の発議で関西の建築諸団体が賛同したものだったが、東畑はその具体化に尽力し速やかに実現させたのである。

近畿の建築関係六団体の会長、副会長による定例懇談会があり、当時のめまぐるしい新建築材料、新工法の登場に対して、客観的で正確公平な試験と格付けが盛んに要望されていた。加えて建設省住宅局にも新材料・工法に対する格付けと指導が急務との考えがあり、東京の建材試験センターに対する西のセンターが求められていたという。それに応えるべく東畑は建築の総合試験場設置に向けて具体的に動き、一年に満たない短期間で、大阪千里丘陵に建築地を求め、建設省の認可を得て実現をみたのである。東畑会長の活躍と手腕を目撃していた横尾義貫（日本建築総合試験場顧問）は、「人望と組織力を発揮され、（中略）中央と地元の意向の一致、資金・土地・人に関する諸問題を解決し（後略）」[*34]と、課題に対応する的確な仕事の驚くべき速さについて語っている。

東畑はこの事業を後年顧みて次のように記している。

34　横尾義貫「日本建築総合試験所設立と東畑謙三」『建築と社会』一九九九年五月号。

試験所創立の場合その〝核〟は何であるか、前言どおり主管官庁である。建設省では当初何億かの予算をもって特殊法人を計画されていたが、国家財政の都合もあってはるか少額の補助であったのが、元来核の性格は大小ではない、物質を引きつける力である。換言すれば指導精神である。〝場〟を考えての引力、これを今後も願いたいことである。（中略）本試験場の構成もまた官民共栄である。官民共に長所短所のある事は誰しも認めるところ。官民共栄の実績を挙げるためにはこの両者の長所を採り入れて行動すれば益々繁栄するであろう。[*35]

建築界を広く捉えていた東畑ならではの含蓄ある回想として読めるであろう。

7 都市大阪への眼差し

大阪駅前市街地再開発事業の時代

大阪の玄関口であった大阪駅前はかつて終戦当時の闇市の名残を残す大きな木造密集地区を留めており、再開発事業は長年の課題であった。一九五〇年代末に至り、その事業計画が東畑建築事務所に委託されたことで動き出す。都市開発手法がいまだ確

35　東畑謙三「随想」『GBRC』vol.10-4。一九八五年。

1-27　大阪駅前市街地改造計画　1970年頃

立されていない時代にあって、行政と一体となり市街地改造法を生み出し、初めて適用された事例が大阪駅前市街地改造計画であった。東畑建築事務所により、まもなく四棟の高層ビル建設計画が立案され、一九六三年に第１ビルの設計に着手されている。

そうした事業途上の一九六三年、四八歳の若さで大阪市助役に着任したのが和歌山県出身の大島靖だった。大島は、一九三五年に第三高等学校を卒業し東京帝国大学法学部に進んでおり、三高における東畑の後輩だった。そうした親しさもあったようで、大島助役は後に「まちづくりの仕事に関して、東畑先生からさまざまなアドバイスをいただきました」と語っている。一九七一年、中馬馨市長の急逝をうけて行われた選挙の結果、大島は市長に着任し、以後四期一六年にわたりまちづくりを推進した。

一九六〇年代に、東畑建築事務所はさらに拡大し、一九六一年には所員百名を超える。当時東畑は村松貞次郎との対談などで、所長の役割をオーケストラのコンダクターに喩えている。つまりさまざまな楽器を受け持つ奏者は、指揮者の意向を確実に把握し、最良の演奏で応えることが求められる。そして秀でた演奏者を集めることも指揮者の重要な役割であるという。建築事務所の場合、種々の業務を担う技師は百名は必要であるが、それを越えると指揮者による統率がきかないと東畑は語っている。そして東畑建築事務所には指揮者の意志を漏らさず受け止める主任技師たちがいた。事務所草創期から入所していた松永崇志（一九三四年入所）、前川敬蔵（一九三四年入所）、吉田隆一（一九三八年入所）、佐々木保（一九四〇入所）、住田栄二郎（一九五〇年入所）、香取禮三（一九四八年入所）らで、その結束の有様は「六頭立ての馬車」と喩えられていた。ここに東畑が目指してきた、さまざまな建築依頼に速やかにして十全に対応しうる事務所組織があった。

1-28　東畑建築事務所本社ビル（伏見町）
新築されたビルの前で集う所員たち、1957年。

1-29　甲南大学15号館　1964年

一九六〇年代、事務所では次章で取り上げる三重県庁舎（一九六二）、甲南大学一五号館（一九六四）など、相当規模を有する一連の建築を手掛けている。そしてまた奈良市の依水園（いすいえん）内に寧楽（ねいらく）美術館という瀟洒な佳作を残している。実業家中村準策、準佑の収拾した中国、朝鮮の古美術を中心に収蔵展示する美術館で、民家風切妻屋根と白壁を基調とする不思議な魅力を宿す建築である。しばらく対峙していると、東畑がよしとするプロポーション、そして単純明快なものへのこだわりが見えてくる。加えて東畑の東洋古陶磁に関する研究と趣味の深さは知られるところであり、心血を注いだであろうこの建築に表現者としての一面をのぞかせている。

この時代の建築動向に目をやると、村野藤吾の大阪歌舞伎座（一九五九）、前川國男の京都会館（一九六〇）、丹下健三の電通大阪支店、倉敷市庁舎（一九六〇）、坂倉準三の塩野義製薬研究所（一九六一）など、造形性を前面に押し出した建築が相次いで世に出ている。こうした建築家の活躍に比べて、東畑建築事務所の建築は堅実だが地味と言われることとなる。

美術的な建築に対して産業的建築を基軸に歩んできた東畑は、科学的な建築観を保持していたといえる。つまり、機能に基づく計画性、架構を決める構造の論理があり、日進月歩の建築資材に対してはその物性を知る目を求めていた。そうした技術の裏づけの上に、空間構成を創作する領域が開かれるという。東畑は「建築を志す学生諸君へ」[*31]などで述べているように、合目的性、材料、構造の合理性という合理主義的建築観を事務所の設計思想としていた。

すなわち建築を造形的に考えるという発想とは異なり、科学的論理性と経済的合理性を根拠に形態と空間を構成する技術者としての自覚が第一に望まれていた。そこから建築の外見に表れる個性が際立って顔を出すことは多くない。

そうした時期に取り組まれた仕事に、千里丘陵地を会

1-30　万国博会場計画第二次案模型　1966年

場に一九七〇年の開催が決まった日本万国博覧会（大阪万博）があった。関西での博覧会としては一九五〇年の神戸博覧会があり、東畑建築事務所は一番大きなパビリオンの世界館を木造で造ったこともあったが、大阪万博の会場計画においては西山卯三、丹下健三らの提案を実施に移す裏方を担っていたことが知られている。

大阪万博に始まる七〇年代

万博計画において東畑は一九六五年より村野藤吾、竹腰健造とともに会場計画委員につき、丹下健三ら東京勢と地元との調整に尽力し、また万博会場で開催された建築祭の委員長を務めるなど公的立場で活躍した。そうした関係からか、展示館の設計に際して東畑建築事務所はインターナショナル・プレイスなど小さな施設設計に留まっている。

万博後の一九七二年より北浜オフィス街の一角を占める超高層建築、日商岩井大阪本社ビルの計画に着手している。

1-31　日商岩井大阪本社ビル　1975年

さかのぼって、岩井産業株式会社社長は一九六三年に岩井雄二郎から岩井英夫に代替わりして創業一〇〇年を迎えていた。その後、同社は日商と対等合併を果たして一九六八年に総合商社を目指す日商岩井株式会社へと展開した。そして一九七〇年代には船場の中央部(今橋三丁目)一街区の用地を得て大阪本社ビルの建築に着手、東畑建築事務所の設計で地上二一階建ての本社ビルが一九七五年春に竣工している。

接道に沿って公開空地を設けることで建築容積率の割り増しを得る総合設計制度を用いた初期の建築事例であり、四五メートル四方のタワー型高層ビルであるが、建物角を大きく面取りされた形態は都市空間に馴染みよく、端正にして合理に適うものであった。

つづく一九七〇年代末には御堂筋難波に「街角のような空間をもつ」というホリデイイン南海大阪(一九七九)が建つ。設計担当だった谷淳之介が「シースルー・エレベーターや御堂筋から屋上庭園へ導く仕掛けなどいろいろ試みました。他に斜めのガラス屋根とか、これについてはずいぶん叱られました」とい

1-32　ホリデイイン南海大阪　1979年

うように、当時注目されたシティーホテルであり、BCS賞の審査に訪れた村松貞次郎が、「東畑さん、こんなもんやるんかい。柔らかくなったね」と語ったという個性ある都市建築であった。

ところでオイルショックを契機に産業構造が問い直された一九七三年、所内にシステム委員会が置かれ、部課制の積極的な運用が進められ、調査室の設置など組織の近代化が計られた。資料、情報を管理する調査室はその後、技術開発室を経て今日の都市開発室となり、当時から比重が増す地域開発計画やコンペに対応することとなる。

8　次世代へ

清林文庫

東畑謙三は八〇歳を迎えた一九八二年（昭和五七）、社長を娘婿にあたる市川宏に譲り、会長に退いた。とはいえ壮健であった東畑はその後も仕事をつづけるが、日常の実務からやや離れて自由を享受したようだ。それは古陶磁器の研究、そして稀書の蒐集に親しむことであった。その素地は読書家であった大学院生のころから培われていたが、やがてシェーデルの『ニュルンベルク年代記』（一四九三年）、ヴィトルヴィウスの『建築十書』（一五二一年）、ナポレオンの『エジプト誌』（一八〇九－一八二二年、一七四頁参照）など古来の建築書、美術書、地誌、古地図の蒐集に及んだという。その膨大な愛蔵書は「清林文庫」として事務所に蔵されており、いまなお所員の共有する知的資産とされている。

インテックス大阪

市川宏は、京都大学の学生時代、非常勤講師を務めていた東畑の講義に接したことが縁で一九五二年に東畑建築事務所に入所している。後に市川の記憶によると、役職に就いた七〇年代から事務所のデザインが変わっていくという。そのころには二百名を超える事務所所員を擁して大規模を誇る組織事務所へと成長しており、「東畑色を若干薄めてでも、時代の求めるデザインを推奨した」と市川は事務所の動向を書き留めている。そして組織事務所としての効率化、総合化を図り、「提案型の事務所」と「個性の発揮」を求めたことで、八〇年代にはさまざまなプロジェクトへの対応力が発揮されてゆく。

その時期の主な建築を挙げると、都市の建築では大阪駅前第1ビルの完成から一一年を経て、二五階建ての大阪駅前第4ビルが一九八一年に完成した。その後、御堂筋のミナミでは一五階建ての御堂筋グランドビル建設も進行する。加えて、一九八〇年代は各地において文化

1-33　清林文庫図書室

施設、地域交流施設の建築が多く生まれた時代であった。大規模建築では大阪国際見本市会場のインテックス大阪（一九八五）があり、吹田市文化会館（一九八五）、京都市国際交流会館（一九八九）、佐賀市総合文化会館（一九八九）など挙げられる。

八〇年代、つくば万国博覧会、関西では国際花と緑の博覧会が開催され、社会はバブル経済のもとで街を彩る建築の表現は多様多彩な状況をあらわにする。

二〇世紀の初頭、生活と社会の近代化を標榜しアバンギャルドであったモダニズムは半世紀のあいだに社会に蔓延した。そうした近代を問い直すものとして登場したポストモダニズムは、機能や合理主義的デザインを見直し、余剰や装飾による付加価値を追うデザイン、つまり生産の側の視点から享受する側の視点への転換といわれた。

一九九〇年代に入り、バブル的成長から反転、停滞期を迎えた。一九九五年には阪神・淡路大震災を経験した。そこであらためて建築が再考されていた時期の

1-34　インテックス大阪　1985年

一九九七年に、東畑建築事務所は創立六五周年を迎え、それを機に東畑は現職を引き名誉会長に就いた。その節目の年に『建築と社会』誌で記念特集が組まれ、「輝く個の集積と多様な建築表現」[*36]と題する長文の座談会記事が収録された。座談の参加者は建築設計室長の岡田聿之(のぶゆき)、名古屋事務所所長の谷淳之介、東京事務所設計室長の萩原信行ら六〇年代入所組の面々で、そこでは東畑謙三から受け継ぐ組織事務所の特色が語られている。岡田は設計組織を担う「個」の役割に言及して「個性を表面に出すということで進んできたが、これからは『個』の持つ力をもっと尊重した個性の集団という考え方が根底にあるべき」と将来像を語っている。そして座談では互いに「個の光る設計組織」の姿について語り合われた。

こうした新世代による事務所の展開を見届けて間もなく、一九九八年(平成一〇)四月二九日に東畑謙三は満九六歳の天寿を全うした。

晩年は、自宅での暮らしを大切にし、ひ孫とともに庭に設けた菜園の手入れを日課とした自足の生活を楽しんだと

1-35 吹田市文化会館(メイシアター) 1985年

36 『建築と社会』一九九八年一月号「東畑建築事務所創立六五年特集号」。

1-36　東畑謙三の作案による墓
「寂」の一文字を刻む墓石の前に蓮華文型の香炉台、脇に墓碑銘が配置されている。

いう。時には台湾、陶磁器の古窯景徳鎮へも旅している。

東畑謙三の生涯を振り返ってきたが、今春、東畑が八十路にかかるころに自らスケッチして造られたというお墓に参ることができた。京都紫野の孤篷庵墓所の奥、苔むした玉石敷きの墓地に上部がわずかに窄められた立方体の奥ゆかしい墓石があり、銘「寂」の一文字が刻まれていた。緑と静寂の深い環境のなかで、故人の生涯を想いつつ、先年訪れた一志郡豊地村、いまの嬉野井之上町の風景を思い出した。

東畑には昔に書き留めた「私の郷里」という手記があり、古い城址もあるという丘陵に囲まれて田畑が広がり、生垣をめぐらせた農家が点在する集落について述べている。[*37]

その文章にひかれて嬉野を訪ねた。ＪＲ紀勢線に沿う幹線道路から嬉野豊地に向かう枝道に入ると中村川の貫流する田畝が広がる風景があり、昔日の面影を十分に留めている地であった。そこに謙三の生家が、いまは有縁の人士に継がれて存続していた。[*38]

37　『建築と社会』「東畑謙三先生追悼一周忌特集」（一九九五年五月号）。

東畑吉之助の代に建てられた明治四三年の普請という立派な主屋があり、南東には古い土蔵、北西には大きな二階蔵と新座敷を連ねている。古びを感じさせない堅固な中堅地主農家の佇まいがいまも変わらず伝承されている。「郷土とは浮動的ではなくて恒久的なところ」と東畑が記しているとおり、郷里の風土は謙三の心中深くに刻まれた

38　東畑家住宅は一九六九年に中川電化産業に譲られており、建物整備ののち宏心庵として維持活用されている。『嬉野史　文化財・民俗編』二〇〇七年、に調査記録がある。

1-37　旧東畑家住宅（嬉野井之上町）
主屋は1910年の建築で、土蔵は幕末期と伝えられている。1969年に中川電化宏心庵として継がれた折に庭園、南蔵など改修されている。

1-38　東畑記念館に贈られた板絵
上：杉本健吉作の「菜果図」４点の１つ「六根清浄」。
下：館内の天井を飾る板絵。

ものだった。

先述したように、郷里において東畑精一の農学書籍を収めた東畑記念館の開設に際して、謙三は杉本健吉画伯の菜果図の板絵を贈り、コンクリートの建築空間に生気を込めている。

自らを「建築技師」と称し、建築設計においては合理を追求し科学を求める東畑であったが、郷里にあっては、農を育み文化の芽吹く土壌を尊びやまない東畑がいたのである。

第2章

東畑謙三の「建築」

ダイアローグ
2

建築家ではなく「建築技師」?

西野 戦前から戦中、そして戦後の高度成長期と、まさに激動の時代だったんですね。当たり前ですけど、どの時代にも建物は建てられていたのですよね。

東畑 ひとに寄り添い、その求めにいかに答えるかが、いつの時代も設計の課題です。戦中なんて切実でしたよ。鉄がなくなれば、木で工場をつくらないといけない。

西野 戦争中も設計されていたんですか?

東畑 もちろん。どんな世の中でも、住むということ、物を造るということに対しては建築が伴うものです。

西野 なんだか、先が見通せないいまの時代にも通じる話ですね。

東畑 軍需工場とか兵舎とか、いろいろ必死で設計していました。とにかく早くということで、繰り返して図面が使えるユニット化とかも考えましたね。設計は、確かな技術を身につけ、求めに愚直に応えることが最も大切だと考え

てきました。

西野　なんだか、これまで考えたことのないお話です。

東畑　ところで、結依さんは「プロフェッション」という言葉を聞いたことがありますか？

西野　プロフェッション……聞いたことありません。でも、プロフェッショナルなら聞いたことあります。NHKの「プロフェッショナル　仕事の流儀」は、父が好きな番組なので。

東畑　惜しい。プロフェッションとは、お医者さんとか弁護士さんなど、ひとのために尽くすことを誓った職業の総称です。そして、本来、プロフェッショナルとは、その職業に就いているひとを言います。建築設計という職業も、プロフェッションのひとつだと考えています。

西野　確かに。ひとに寄り添う職業ですもの。

東畑　ただし、建築設計という職業は、ちょっと難しい問題を抱えています。

西野　問題ですか！　何だろう……。わかった！　あまり儲からないとか。母がインテリアの仕事をしていて、いつも愚痴ってます。

東畑　（笑）当たっているけど、違います。お医者さんや弁護士さんと同じように、建築設計も依頼主に寄り添い、理解し、共感する。そして、持てる技術や経験をつぎ込んで課題解決に挑みます。

西野　はい、わかります。

東畑　ここからが「問題」についてですよ。お医者さんは最適の治療法を採用し、病気に立ち向かう。弁護士さんは最適の解決策を求めて、事案と向き合います。つまり、たどり着くべきゴール、すなわち治療法や解決策はひとつか、ある範囲に限定できるといえます。

西野　なんとなくわかります。

東畑　建築設計の場合は、答えが無数にあるがゆえに、難しい問題があるんですね。では、なぜ答えが無数にあるのか。それは、建築設計が創造という行為を伴うからです。小さな建築ともいわれる椅子についても、心地よい椅子とは何かと十人に聞いたら、十通りの回答が返ってくるでしょう。

西野　今回の設計演習も、笑っちゃうほど全員バラバラの提案でした。

東畑　ものを創るということは、魅力的です。もっとかっこいい造形にならないか、全部地下にして消すのはどうか、とかね。そのとき、ひとに寄り添うことを忘れ、自分の中の人間像だけで考えてしまう。しかも、それを自分で気に入って

なんとなく
わかります。

しまい、実際に創り上げようとする。設計演習ではそれでいいかもしれませんが、実際の設計でそんなことをされた依頼主は悲劇です。

西野（深くうなずく）

東畑 建築設計における答えは、依頼主や使うひとが決めるものであると肝に銘じるべきです。決して自分の考えをかたちにするのではありません。あらゆる技術をもって、依頼主や使うひとの思いをかたちにするのです。

西野 なんだか、東畑さんはいままで見てきた建築家のイメージと、ちょっと違う気がします。

東畑 建築家ですか……。建築家といい、芸術家といい、まわりの人が付ける名前です。私は職業を聞かれたら「建築技師」と答えてきました。

西野 建築家じゃなくて、建築技師ですか？

東畑 そう、建築技師。建築設計という職能は、多くの専門分野によって構成されます。構造や設備はもちろん、家具や照明、造園の設計にも専門のひとが加わっています。

西野 インテリアに関わっているわたしの母も、その中のひとりですね。

東畑 ええ。大きな木造建築だと、さらに専門のひとが増えます。建物を建てたあと

なんだか
かっこいい。

の森の行く末も考えて設計するために、その地域の山や加工工場を見に行くことから始めるんです。そうなると、林業に詳しいひとにも加わってもらう必要がある。

西野 当たり前だけど、ひとりで設計するわけじゃないんですね。設計にはチームワークも重要ということか。

東畑 ひとつの建物をつくるときに、どのような「集まり」がふさわしいかを考えることも、建築設計の重要な仕事だと思っています。そんな職業に名前をつけるとしたら、「建築技師」がぴったりだと思いませんか？

西野 依頼主や使うひとのことをおもい、あらゆる技術や経験をもって喜びをつくりだす。……建築技師、とてもしっくりくるし、なんだかかっこいい。

東畑 そうでしょう。(笑)

西野 わたし、東畑さんが設計された建物を、他にも見たくなってきました。壺中居と同じように、いまも使われている建物はあるのですか？

東畑 ありがたいことに、全国にまだまだ現役の建物がありますよ。その中には、九〇年以上も使われている建物もあります。

西野 九〇年……高島屋と同い年じゃないですか！

東畑　言われてみれば確かにそうだね。（笑）こちらは紡績の工場なんだけどね。

西野　工場でそんなに長く使われているって、想像できないです。なぜそんなに長く使われ続けるのでしょう？

東畑　理由はいろいろあると思います。でも、常に「ひとに寄り添い、喜ばれること」を心掛けてきました。

西野　ひとに寄り添う……。なんだか工場建築と結びつかない気が……。

東畑　工場に限らず、健康に働ける環境は、大事な機能のひとつです。心身ともに健康であれば、仕事もうまくいくでしょう？

西野　働くひとのために考え尽くすことが、建築設計というプロフェッションの使命。九〇年も前からウェルビーイングな建物を考えていたなんてすごい！

東畑　だんだんわかってきたね。どんな建物でも、その中心には「ひと」がいるんです。では、私がどんな建物をつくってきたか、実際にご覧いただこうかな。

西野　よろしくお願いします！

1　書庫に込めたモダニズム　東方文化学院京都研究所

京都大学吉田キャンパス北方の閑静な住宅地の中に、スパニッシュスタイルの建物がある。現在は京都大学人文科学研究所の分館という位置付けだが、もともとは一九二九年（昭和四）に中国文化を中心とした学術研究を目的に設置された東方文化学院の京都研究所として、一九三〇年に建設されたもので、東畑謙三の実作第一号である。東畑は大学卒業後、武田五一のもとで勉学を続けていたが、この設計に携わったことが実務に身を投じるきっかけとなったと、後年のインタビューでも語っている。ここでは、東方文化学院京都研究所に見られる東畑のモダニズムを見る。

東方文化学院京都研究所の創立

中国を中心とする東方文化の研究は、一九世紀に欧米の研究者による研究活動や調査旅行が活発化した。地域的にも文化的にも関連の深い日本でも、この方面の研究には関心が高まっていた。明治から昭和前期には、政治的に日中の関係は難しい局面も多く、一九二八年に東方文化学院を創設する計画が具体化したのも、政治・外交関係の不安定さによるものと言える。[*1]　一九二九年四月に東方文化学院が設立され、東京と

1　東方文化学院の設立、運営経費は、義和団事件の賠償金を主な財源とする対支文化事業特別会計から支出された。

2-1　京都大学人文科学研究所附属人文情報学創新センター外観

京都に研究所が置かれることになった。京都研究所の主任（のちに所長）には狩野直喜（かのなおき）[*2]が委嘱され、京都帝国大学文学部陳列館の一室で活動が開始された。

『人文科学研究所五〇年』[*3]によると、研究所の建設地については、第三高等学校に隣接した京都府立京都第一中学校の跡地などの候補があったが、現在の所在地、北白川街道にそった分譲住宅地の一角に決まった。この場所は、「風光絶佳の健康地」という宣伝で日本土地商事株式会社が開発・分譲したもので、研究所は一ブロック一二七九坪を買収した。この土地会社は、藤井斉成会有鄰館の藤井善助[*4]のものであったそうで、売出し時は坪五七円だったが、

2　狩野直喜（一八六八〜一九四七）は中国文化研究者。一八九二年、東京帝国大学文科大学漢学科入学、一九〇〇年清国へ留学、義和団事件に巻き込まれる。一九〇三年帰国。一九〇六年京都帝国大学文科大学創設委員に就任、以後、京都における東洋学を牽引する。

3　『人文科学研究所五〇年』京都大学人文科学研究所、一九七九年。

4　藤井善助（四代、一八七三〜一九四三）は滋賀県五個荘出身の京都の実業家。一九〇八年には衆議院議員に当選、通算三期務めた。上海の東亜同文書院に留学したこともあり、中国古美術の蒐集家としても名をはせる。京都の岡崎に建つ藤井斉成会有鄰館はコレクションを展示する博物館で、本館は一九二六年竣工、武田五一の設計による中国風の建築。

坪五四円で購入が決定した。建物の設計は京都帝国大学建築学科の教授、武田五一に依頼されたが、実際の設計はその下で学んでいた東畑謙三が担った。一九三〇年一月に起工、同年一一月に竣工し、盛大な開所式が催された。竣工時の写真（三三頁掲載）では研究所だけが建っているように見えるが、研究所が在したことで、周囲は文化的な雰囲気のある住宅地が形成されることになる。

設計の経緯

『人文』第一二号には、「建物物語――旧本館設計者東畑謙三氏に聞く」と題して、東畑へのインタビューが掲載されている。[*5] 上記の通り、東方文化研究所は武田五一に設計が依頼され、当時大学院生だった東畑に声がかかった。東畑は、「若い私はル・コルビュジエに心酔していた。（中略）だからシナ文化と聞いた途端、これは困ったと思った。中国の文化が優れていることは十分承知しているが、建物というと、反った屋根に、柱には竜か何かまきつけて、およそコルビュジエとは縁遠いものですからね」と、最初は担当するのを躊躇したと述べている。

実際に研究所設立に携わっている浜田（濱田）耕作[*6]に会い、中国的な意匠のものを作ることへの危惧を語り、一方浜田もヨーロッパの僧院建築を好み、スケッチも描いていたことを知り、設計を引き受けたと言う。武田五一は実際の仕事にはかかわらず、浜田と東畑でやりとりをして設計は進んだ。

5　「建物物語――旧本館設計者東畑謙三氏に聞く」『人文』第一二号、京都大学人文科学研究所、一九七四年五月。

6　浜田（濱田）耕作については、本書第1章三二・三四頁、四一〜四二頁、第3章一七七頁参照。

浜田の僧院のスケッチは現在のものに近いか、という聞き手の問いに東畑は、「いやそれは時によって違うんで、ただ僧院の感じということを強調される、そうすると落ち着いた気分になり、研究者がゆっくり仕事が出来ると言われるのです。そこで先生のもってこられるスケッチを何度も直してプランが出来上がりました」と述べている。学生時代の東畑の関心や後に東畑謙三の手がけた建物を思い浮かべるとき、東方文化

2-2　中庭

学院京都研究所のスパニッシュの意匠は異色な感じがしていたが、若い建築設計者と古物の価値をよく知る研究者がスケッチでやりとりしながら形にしたと思うと腑に落ちる。京都大学に残る設計図の筆致はシャープかつ伸びやかだ。金物や手すりなどの詳細図も含まれ、いまも空間を豊かに彩る意匠が迷いのない線で描かれている。

だが、ル・コルビュジエに傾倒していた東畑は、「ただ今でも私思うんですが、僧院の感じを近代建築で出すというところまでは突っぱれなかった。それが心残りです」[*5]と言う。

「僧院」の落ち着き

敷地の西南部に門が設けられ、緩やかな斜面で玄関ポーチへ上がっていく。外壁の装飾は全体としては控えめだが、玄関ポーチ周りのバルコニー手すりや付け柱などは、ロマンティシズムがあふれる装飾で彩られる。

施設は、西側に玄関や共用する新聞雑誌閲覧室、食堂、講演室、書庫、事務室などが三階建てでまとめられ、その東側に、東西に長い中庭を囲み、平屋の研究室棟が接続されている。中庭に回廊を巡らせ、研究室が整然と並ぶ部分は、まさに「僧院」である。「武田先生はアメリカでスペイン人がたてるスパニッシュ・ミッションが好きで、（中略）それとスパニッシュの僧院が好きだという浜田先生の考えが一緒になったんじゃないですか」、「はずかしいことで、青年として古い人と妥協したということで、いまだに引っかかっています」と、東畑謙三はスパニッシュスタイルのデザインを本意としていなかったことを重ねて述べている。[*5]

研究室棟は、周辺道路から眺めると洋風に見えるが、中庭側の立面は、アーチのある開口が連続するものの、つし二階[*7]のある和風建築のような雰囲気がある。屋根は銀

7　つし二階は二階の階高が通常より低い町屋の形式。

2-3　玄関横テラスの装飾

2-4　1階ホール（旧新聞雑誌閲覧室）

2-5　研究室部分外観（道路側）

2-6　１階ホールから回廊を望む

鼠色の本瓦葺きで、壁が白いスタッコで土蔵のような取り合わせであることもその印象を強くしている。

研究所や図書館は、時を経ると資料があふれ手狭になり、蔵書が収蔵しきれなくなるという事態がしばしば発生する。研究室の計画に関して、「あとのことを考えて、すべて現在の一倍半に余裕をみろというので、二階が積めるように作りました。いまの研究棟の天井は鉄筋コンクリートの床版になっています。その上にあんな恰好の屋根がおいてあるんです。だから、屋根をとり、

2-7　中庭から回廊を望む
本瓦葺きの屋根と虫籠窓（むしこまど）のような屋根裏の通気口が日本的な雰囲気を醸し出している。

天井の床版の一部を廊下にし、残りを研究室に使えば、一階よりは小さくなるが、全体で一倍半分の部屋はできる勘定になっています」[*5]と東畑は述べている。

研究室の階高は部屋の大きさに比して高く、書庫部分と同じ三・五メートルだ。研究者にとっては背高の書棚が設置できてありがたいが、二階の増築を考えて施設全体の階高を揃えたと考えられる。屋根裏も高さに余裕があり、通気口も設けられ、研究室の増築は実現しなかったが、現在は倉庫として活用されている。将来を見据えた計画となっている点は、現実的でモダンである。

2-8　書庫内部
トップライトからの自然光が下まで届く明るい書架。暗色の書架は建設時のもの。

一〇万冊の漢籍のための書庫

内外とも、意匠は華やかな研究所だが、この研究所の中心は、設立のきっかけとなった一〇万冊の書籍を収蔵する書庫である。東京と京都で分けられた膨大な漢籍を収容するために、東畑は「アメリカにあった立体的な書庫をとり入れた。書架を段々に積上げ、床は重視せず何階も上ってゆく式ですね。三十センチに二十冊入れるという計算で設計すると要求を十分みたせる。それで青写真を作って会議にかけた[*5]」と回顧している。

書庫は、二、三階に設けられた三層の積層書架で、東西方向は柱間五メートルで三スパン、南北は

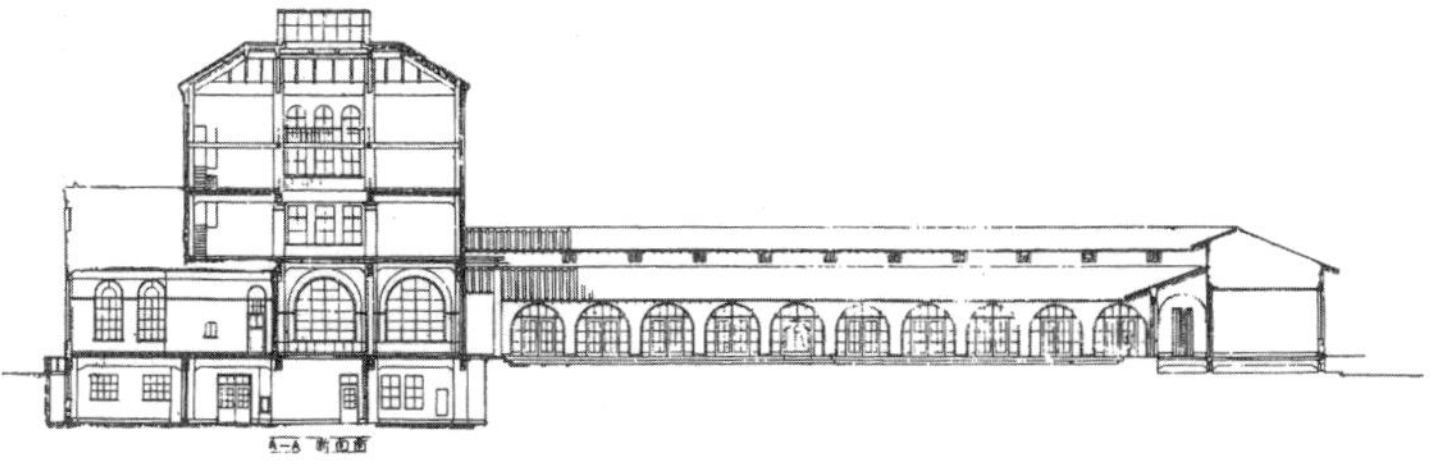

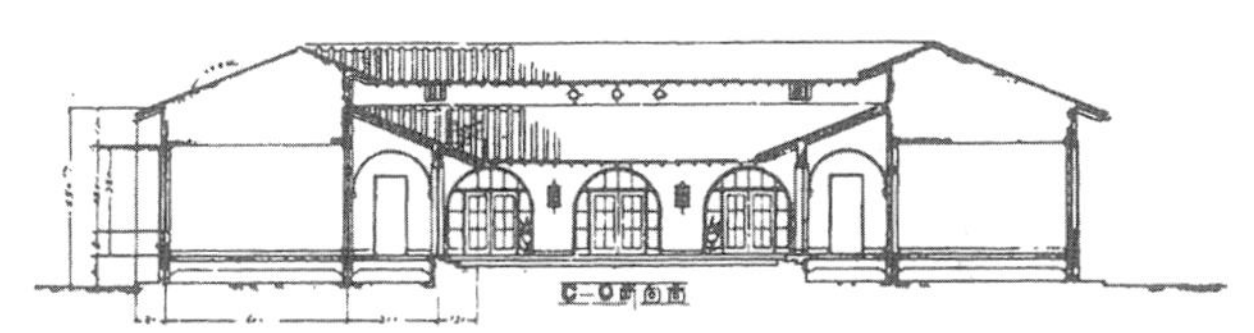

2-9　断面図
上は長手（東西）方向の断面図。左に書庫部分の断面が表れている。
下は研究室棟の断面図。階高が高い研究室と直上の屋根裏が描かれている。

両端三メートル、中央六メートルの三スパンの鉄骨鉄筋コンクリート造だ。中央に吹き抜けを設け、その上部には大きな矩形のトップライトが設けられ、閲覧にも供される明るい書庫である。書架は一メートル間隔で整然と配されている。東畑は空間を余すことなく使い蔵書スペースを確保するため、五種の書架を設計し、配列した。それらはいまも使われている。

書架の高さは、一層目は二・九メートル、二層目、三層目は二・五メートルある。床には書架にそってレールが取り付けられ、高所の書籍を取るための「スベリ梯子」をレールにそってすべらせ移動できる。また二層目の床には部分的にガラスブロックが用いられ、下層に光が届く仕掛けになっている。書庫内の鉄製のらせん階段や吹き抜けの手すりの意匠は、用を重視しつつも簡素な装飾を伴い、心地よい空間作りに寄与している。

暗色の鉄製の書架が整然と並び、天井まで密度高く蔵書が並ぶこの空間は、機能を優先して生まれた究極のモダニズムである。まさに「研究所」の佇まいであり、スパニッシュの外観とのギャップは不思議と感じない。

建築技師への道

この設計にかかわったことをきっかけに、東畑謙三は、学者として生きるよりも、実際の設計に身を置くことを決める。産業建築が多い東畑のその後を考えると、装飾性にとんだ東方文化学院京都研究所は、東畑らしくないようにも思えるが、依頼主の要求や設計要件に積極的に応える点に東畑の揺るがない設計姿勢が見える。また、若い東畑にとって本意ではなかったかもしれないが、控えめで考え抜いた装飾的な造形は、一九二六年の卒業設計の熱量を思い出させると同時に、迷いのない線でスケッチをした、後期の東畑の設計にも通じるように思える。

＊京都大学人文科学研究所附属人文情報学創新センターの内部は非公開です。

2　健全な工場建築をめざして　中央毛糸紡績四日市工場

近代化のなかで新しい化学工業事業に挑んできた岩井勝次郎はやがて毛糸工業に着目し、一九二二年（大正一一）に中央毛糸紡績株式会社を設立し、大垣に工場を起こした。岐阜県大垣に立地したのは、当時豊田紡織の豊田利三郎の助言と支援を得ていたところがあるかも知れない。株式会社豊田紡織は関西ペイント株式会社への出資者でもあった。

岩井勝次郎は「世界一の毛糸づくり」をめざし、最新設備を入れた大垣工場の操業は順調であったものの、昭和期に入ると世界恐慌の余波と事変の勃発で世情が変わる。その機にあって、岩井は毛織物需要の増大を予見し、新たに四日市工場の新設を一九三二年暮に決めた。用地は伊勢鉄道（近畿日本鉄道）の楠駅に接する楠町大字南川で、そこから北に向かうと国際港の四日市港も近い工業地帯で、そこに工場用地約六万坪、社宅用地約四千坪を得た。

設計は一九三二年一二月に創設したばかりの東畑謙三建築事務所における初仕事であり、東畑は先年の北米建築視察で目にした大規模な鉄骨造工場での学びを生かすこととなる。義父勝次郎の大きな期待を背負い、数名の所員一丸となって、新しい鉄骨構造による工場本館、様々な施設により構成される工場を目指して設計を仕上げている。工事は地元の伊藤工務店により、一九三三年春に着工し一九三四年春に竣工、四月に一部で、五月には全面操業を始めたという。設計着手より一年半という短期間に

2-10　トーア紡マテリアル株式会社四日市工場（旧中央毛糸紡績四日市工場）入口
近鉄線（旧伊勢電）楠駅に通じる位置にあり、創建時と変わらない。

2-11　事務所棟
トラス構造をもつ2棟の木造切妻造りの屋根が並び、モダンな民家のような持味を見せている。

よる大規模工場の完成であった。

竣工した主なる建築をここに列記する。種々の建築物があり、それらが工場の生産活動を目的に機能し、つながるところに特色があった。

工場本館　鉄骨造を主とした鉄筋コンクリート造、一部木造で、六千坪を超える規模を有する。二重ガラスの採光屋根窓をもつ六甲スレート葺きの鋸屋根で、それを支える大スパン（梁間）の鉄骨柱を特色とする。床は板張り及びコンクリート床。L型鋼材、コ型鋼材を組んだ柱、格子柱、トラス梁で構成され、長辺一〇・六メートル、短辺五・三メートルの格子状プランで計画されていた。

食堂棟　ラチス梁で構成する鉄骨造で、屋根はスレート葺き、中央部を越屋根とし採光ガラス窓があり明るい。梁行一八メートル、桁行き三〇メートルの無柱空間をもつ食堂は、大人数の工員が集まって食事をするのにふさわしい。隣接して大きな厨房棟、食品倉庫もあった。

事務所棟　事務部、管理部、応接室を収めた切妻屋根の木造平屋建てでキングポスト小屋組をもつ。大きな妻面を正面とした外観は小屋部が真壁、広い窓を連ねる壁面は板張りで、モダンな外観をもつ。

倉庫棟　トラス小屋組をもつ木造平屋建て、外観はモルタル塗りの建築で複数棟ある。敷地南東隅の倉庫は、鉄道引込線に接して建ち、大きな屋根庇をもつ。

工手寄宿舎　工場敷地の北側に計画されたもので、女工手寄宿舎、木造二階建て（第

2-12　工場は元スレート葺き鋸屋根
遠くに２棟のボイラー棟とコンクリート造の高架水槽がそびえる。

2-13　1934年創業時と変わらない工場内部空間
鉄骨梁下約5mの高さで広がる屋内には高窓から十分な光が入る。いまは日除け目的のパネルが張られている。

一寮～第五寮）の五棟。男工手寄宿舎、木造平屋建て二棟があった。それぞれに事務室、浴室棟、講堂、便所、洗濯場の設備もあった。

病院　木造平屋建てで、診療室、病室、加えて歯科診療室、眼科診療室の設備もあった。

社宅住宅　A型社宅（上級）木造二階建て住宅で二戸一棟型四戸、B型社宅一五戸、C型社宅三〇戸が建てられていた。

その他の施設に鉄筋コンクリート造の電気室、貯水槽、高層タンク。木造の渡廊下などがある。

近代化遺産として

中央毛糸紡績株式会社は一九四一年に錦華毛糸株式会社と合併し、東亜紡織株式会社と改まる。四日市工場は戦中に至り徴用接収され、戦後の返還後に設備など種々改修されている。一九六〇年代に至り同社はポリプロピレン繊維の開発など新製品の生産に向かい、設備の更新もなされている。一九八〇年代以降には社会経済の拡大に対応して、事業も多角化に向かい発展し、二〇〇三年にトーア紡マテリアル株式会社、株式会社トーア紡コーポレーションを設立して企業グループ化がなされている。

そうした発展が進行するなかでも四日市工場の主要な建築群は戦後に寮舎及び社宅群が失われているものの、工場の主要部分は変わることなく生きつづけて存続している。そうした昭和初期の工場は既に類例も少なく注目されるものであり、一九九六年に刊行された『三重県近代化遺産調査』においても東亜紡織株式会社楠工場として収録されている。その価値は九〇年を生きる歴史的工場という希少性にあることに加

2-14　旧食堂（現在は工場施設）
幅18m、長さ30mあり、約10mの高さに採光窓が開く。鉄骨ラチス梁による山型ラーメン構造の空間は構造的な機能美を表している。

2-16　旧食堂棟正面

2-15　旧食堂中央の高窓部分
天井は木製白ペンキ仕上げで回転式のガラス窓が並ぶ。

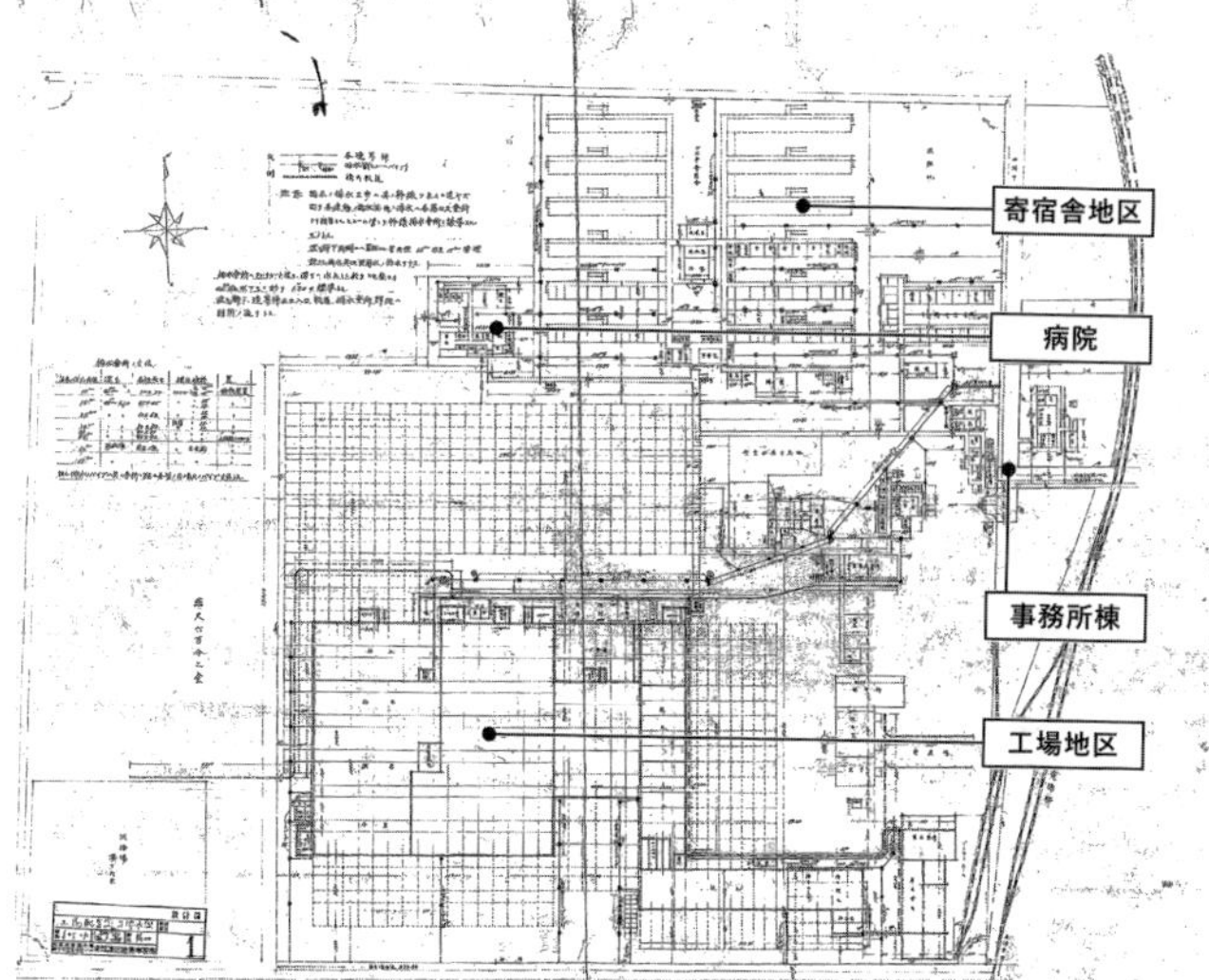

2-17　工場配置図（1933年5月1日の日付がある）
敷地東に正門、事務所棟、中央より南は工場地区、北は寄宿舎地区その西に病院も計画されている。

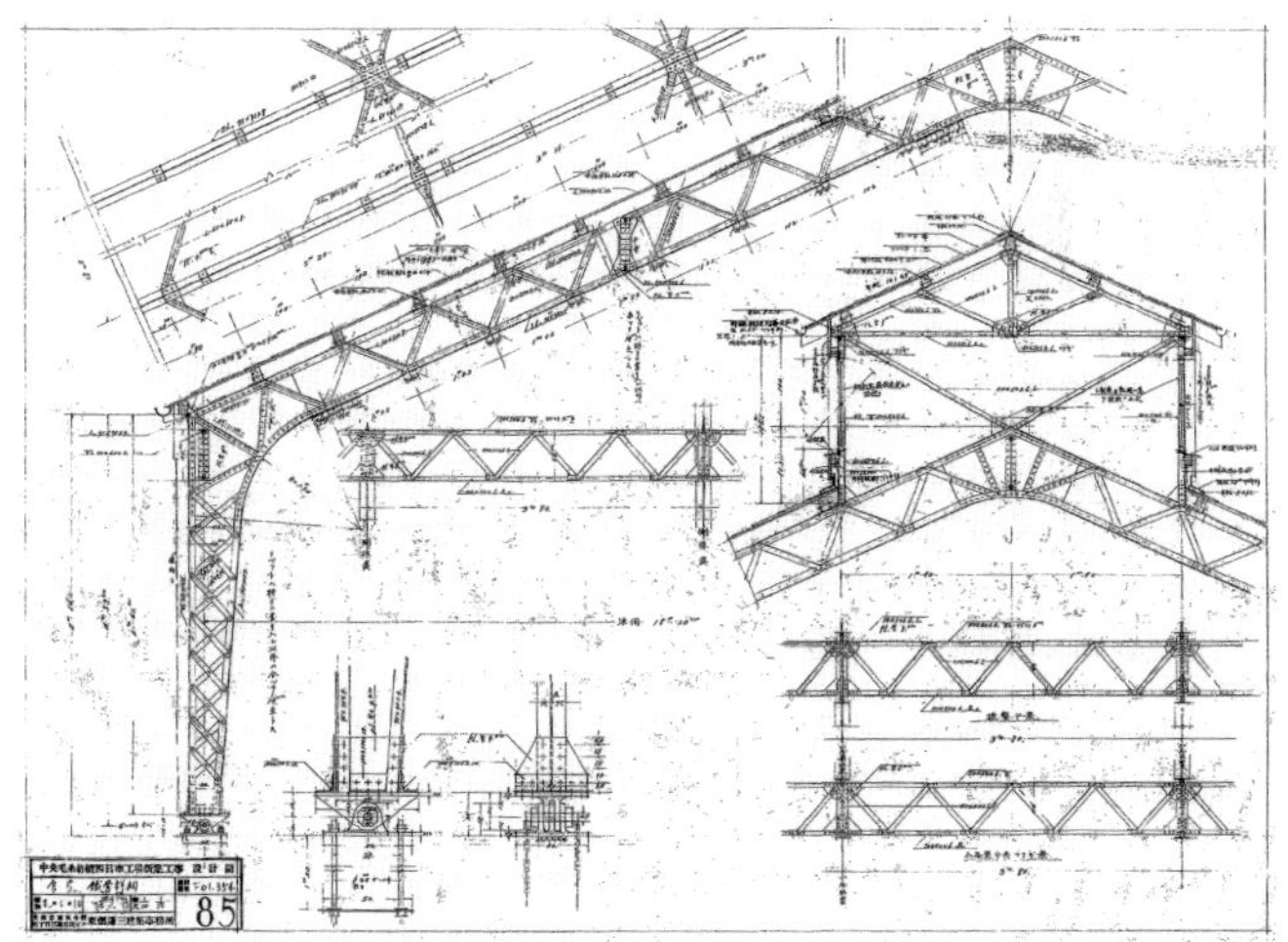

2-18　食堂鉄骨詳細図

えて、特色ある鉄骨構造とガラス屋根をもつ機能的な構成と表現を見いだすところにある。また、一九三三年に設計された百数十枚の設計図面が保存されており、創建当初の建築詳細を知ることができる。

その工場建築を再見しようと先年、東畑建築事務所の一行と共に現地を訪れた。楠駅から西に向かうと工場正門に至る、脇に立つ石張りの門柱は間違いなく当初のもので歴史を伝えている。前庭の奥に木造の事務所棟が建ち、窓建具回りは改変されているものの創建時の事務所が現役であることがわかる。工場棟の全容はすぐさま把握できないが、出入口に向かって、木造の長大な渡廊下が目にはいる。こうした付属建物まで図面どおりでよく維持されており、古びを感じさせるところもない。

工場内に入ると、大きく開く天窓の明るさ、稠密に組まれた鋼材の見事な構造に、東畑謙三建築事務所の当時の技量とエネルギーを感じるところだ。鋼材の接合はすべてリベット留めであるが、その使用は一九五八年の東京タワーを掉尾として、近年ほとんど見ることはない。そうした構法、技術に注目できる以上に、この工場空間が現役で稼働していることに驚く。つまり、工場計画時に想定された機能が機械設備の更新にも対応して生きているといえる。そうした長寿命建築の在り方を、東畑謙三建築事務所の第一作において見ることができる。

3 都市に佇む実用の美 繭山龍泉堂・壺中居

東畑謙三といえば、工場建築に象徴されるように、合理性、実用性を追求する建築がまず頭に浮かぶが、ここで取り上げるのは古美術商の店舗であり、古美術といえば東畑の趣味の世界との関連が連想される。実際、東畑は繭山龍泉堂、壺中居の顧客の一人であり、店主の思うところ、店舗の役割などを熟知していただろう。どちらも大きな建築が建ち並ぶ東京都心の中で見逃してしまいそうな、だがピリッとからい、山椒のような存在の建築である。

繭山龍泉堂――「街角」を考える

東京・京橋にある繭山龍泉堂は、愛好者から一目置かれる古美術商で、一九〇五年、繭山松太郎によって開業、一九二〇年に現在の場所に店舗を構えた。東畑謙三は、二代目繭山順吉と交流があったと考えられる。一九六〇年、店舗の改築にあたり、東畑建築事務所が設計した。設計時の詳しいやりとりは残されていないが、設計図からその特色を見てみたい。

繭山龍泉堂は、銀座通りから一本入った角地にある鉄筋コンクリート造三階建ての

2-19　繭山龍泉堂外観

店舗と住宅が一体となった建物で、南北約一〇メートル、東西約二〇メートルの敷地の西側三分の一が住宅であった。店舗の正面は東面で、ショーウィンドウと二三世正宗鍛造のグリルのついた出入口があり、玄関を入るとホール状の陳列室となり、その正面には上階への階段、北には応接室が設けられている。竣工時は上階に和室もあり、多様な接客の場が用意されていた。

外観では、縦長の上げ下げ窓が並ぶ二階・三階部分の黒漆喰の壁と、隅部に屹立する入隅の壁にまず目が止まる。正面は、立面を縁取るように袖壁と軒が突出した奥行きのあるファサードで、一九五〇年竣工の関西ペイント本社ビルとの類似が感じられる。二階にはバルコニー風の手すりがつき、クラシックな印象を与えている。北東隅部は、敷地境界の隅切りとは異なる角度の壁で区切られている。壁面にはイタリア産大理石のサインボードと照明器具が、足元には黒色の庭石が置かれ、店の顔としての役割を担う。隅部の壁面は一階の腰壁と同じ由良石張りの仕上げで、石がつくりだす文様と目地だけが意匠の要素となっている。街路から建物を眺めるとき、二枚の壁の角度に違和感はないが、平面図を見ると、この部分だけ方向の違う線が生まれており、隅部をいかにつくるかに注力したことが想像できる。街角のデザインは、景観上も重要である。繭山龍泉堂は、決して目立たず、最小限の要素でエッジの効いた丁寧な意匠がなされており、内部に上質で豊かな空間があると思える建築である。

二〇一七年、竣工時に住宅だった部分は現代的なギャラリーに改修された。住宅としての機能はそれまでに失われていたようだが、一、二階は吹き抜けのギャラリー、三階には天窓のある特別感漂う展示室が設けられた。通用口だった出入口や車庫出入口は、ギャラリーの玄関、開口部として、もとの立面とも調和する意匠に変わり、建物に新味を与えている。この改修時に店舗部分の外壁なども整えられ、引き締まった黒色の漆喰壁が再び出現した。

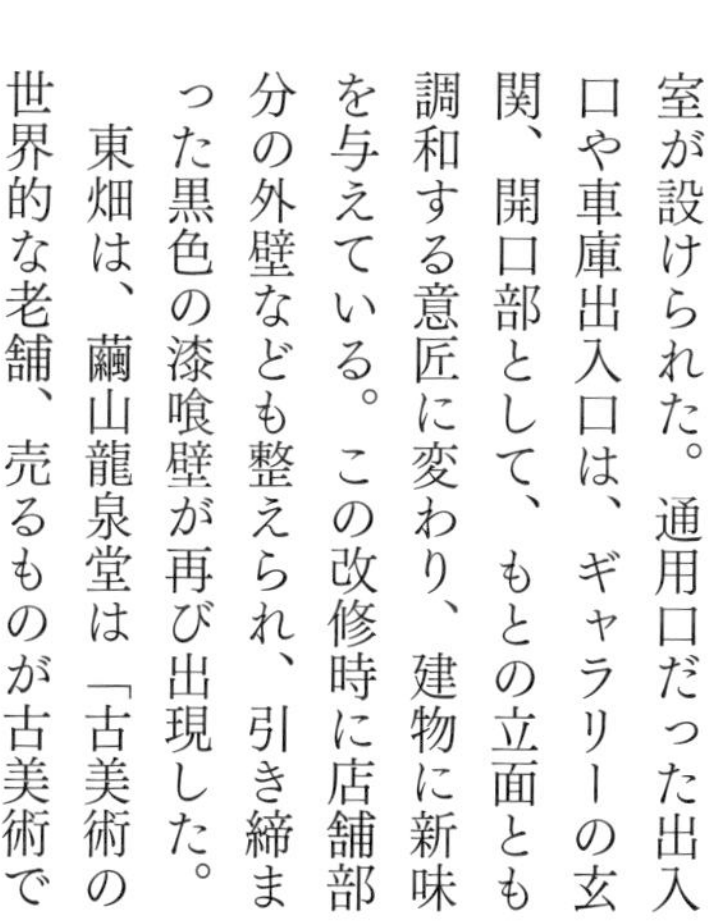
2-20　繭山龍泉堂東北隅切部（竣工時）

東畑は、繭山龍泉堂は「古美術の世界的な老舗、売るものが古美術で

2-21　繭山龍泉堂北面
右端の開口部は新ギャラリー部分。

あり、訪ねる人が内外の数寄者であり、いずれもが東洋伝世の味に何物かを獲ようとする人々であるので、この建物はすべてこれらの品物の額縁をなすものとして設計した」と述べている。*8

一九七二年、同業の壺中居は、満を持しての店舗の建て替えを東畑謙三に依頼した。顧客として相対するなかで体感した、東畑の審美眼を信じてのことではなかったか。

8　古美術商・繭山竜泉堂、『国際建築』一九六〇年一二月号、五二–五四頁。

壺中居——スケッチに見る意匠への思い

壺中居は、日本橋の高島屋の南の通りを少し東へ入った所にある。高島屋は、戦後、村野藤吾によって増築され、一ブロックを占める大きな建物だが、その南側には小規模な区画が残る。壺中居は村野の増築部分に面する位置にあり、まちなみに溶け込んだスケール、色合いで、あまり意識せずに歩くと、通り過ぎてしまうかもしれない。だがちょっと視線を上げると、二階角には装飾的な小さいバルコニーがあり、さらに上部は、傾斜屋根のように見える斜壁の意匠でまとめられており、ただものではない雰囲気がある。

2-22　壺中居外観

壺中居は一九二四年、廣田松繁と西川保により創業され、戦後、一九四八年に株式会社壺中居に改組され、松繁の甥、廣田熙（ひろし）が代表取締役に就任し、現在の地へ移転した。井上繁雄へのインタビュー[*9]によると、東畑謙三との付き合いは昭和三〇年代からで、竹腰健造など、同じ趣味をもつ仕事仲間との接点があり、東畑も東京の古美術商へ出入りするようになったようだ。周辺の不燃化も進む中で、廣田熙はいよいよ新店舗の設計を東畑に依頼した。注文主からどのような要望があったのかははっきりせず、廣田と東畑の間でやりとりをしつつ作ったと伝えら

9　二〇二三年五月二七日、壺中居顧問の井上繁雄へのインタビュー。「へたなものは見せられない」、壺中居・廣田と東畑は単なる店主と客の関係ではなく、商品を見せるということは、東畑の鑑識眼との勝負だったようだ。店舗の設計建設においても大変だったのではないかと井上は語っている。

2-23　壺中居着彩パース
4階北面には5つの窓があり、斜壁は立体的な構成。1階には中央に出入口がある。

2-24　壺中居着彩立面図
２階から４階は上のパースと同じ構成だが、1階出入口は右（西）寄りにあり、実施案と同じ。

2-25　パースへの加筆
2-23のコピーに４階斜壁部分の別案を加筆。

2-26　立面図・断面図の検討
立面図のコピーに斜壁部分のデザインを修正・加筆している。左には断面の検討も。

2-27　外観の検討
もっとも実施案に近いスケッチと思える。

れる。現在の店舗は一九七三年に竣工した。

設計図とは別に残る着彩の外観パースや意匠を推敲する立面のスケッチから東畑の意匠への思いを伺うことができる。[*10] 最上階四階の外壁は、傾斜がつけられ、ドーマー窓のような開口部がうがたれ、外観上の特色の一つとなっている。スケッチは主にこの部分の意匠に関するもので、窓の数や形状が異なるもの、斜壁が立体的な構成になっているものなど、いくつかの案が残る。スケッチでは北面中央に出入口があるものと西寄りにあるものがあるが、実施案は西寄りである。それを手掛かりに意匠の変遷を考えてみたい。

スケッチの中に着彩でしっかり描かれたパースがある。このパースは、当時事務所に在籍したパースのうまい所員が描いたものと伝えられる。出入口が中央にあり、最上階には花台のある五つの窓、その間には山形の立体的な斜壁が規則的に配されてい

10　現在、東畑建築事務所に保管されているスケッチは、当時、壺中居の設計に関わった新人所員が、屑入れに捨てられていたものを記念にと持ち帰り、大切に保管していたものである。

る。窓はいずれも縦長で、対称性のつよい端正なファサードだ。この着彩パースのコピーに斜壁部分や隅部の意匠案を鉛筆描きで加筆したものがいくつか見られる。出入口が西寄りのスケッチは三枚で、先に触れた着彩パースの案で出入口の位置だけを変えた着彩の立面図があり、そのコピーに斜壁部分の意匠を少し変更した加筆のあるものも残る。

スケッチの最後の一枚は実施案に一番近く、斜壁は平滑で、北面には三つのアーチのある窓枠が強調された窓が付く。九枚のスケッチの中では一番あっさりした意匠と言える。いろいろ工夫を凝らした先にたどり着いた意匠なのかもしれない。実施案では四階の斜壁の下端部は丸みを帯び、類を見ないちょっと不思議なデザインである。斜壁を使うところは浦辺鎮太郎のようでもあり、丸みのある造形は村野藤吾を連想させる。

どのスケッチも、二階、三階の窓は縦長のプロポーション、壁面には石造建築を思わせる目地があり、全体として西洋的なデザインでまとめている。二階隅部のバルコニーがアクセントに

2-28　2階隅部のバルコニー

2-29　展示室内展示ケース

なっているが、この部分の位置や意匠は当初から不変である。すでに最初の着彩パースにおいて、背景となる壁面を緑とし、グリルには金色が用いられている。東畑のスケッチに、グリルの意匠を描いたものが残されている。封筒の裏にインクで描かれたもので、線には迷いがなく、花瓶と山葡萄（やまぶどう）が軽やかな筆致でまとめられている。*11 いまも、金属製のグリルは鮮やかな緑の背景に映える。

明快な平面構成

壺中居は一一メートル×一三メートルのそれほど大きくない規模で、平面は明快な構成をとる。玄関を入ると、正面に上階への回り階段があり、展示室へいざなわれる。小さくても客用とサービス用の二つの階段が設けられ、二階、三階には、道路に面した北側に展示室や応接室が配され、四階西側には和室が設けられていた。内部意匠に関しては、東畑はスケッチも残していない。古美術商においては、建物より展示される美術品が主であり、控えめに徹するが大事だったのかもしれない。

11　本書のカバーに描かれている植物の画も、そのようなスケッチの一枚である。

展示室内の展示ケースは、現在も竣工時のものが使われているが、東畑がみずから設計したものと言う。白色で統一された展示室内は梁の角が丸められ、柔かい感じを与えている。

小さな建物では、必然的に階段が占める割合が大きくなる。壺中居でも、階段空間が意匠の要点と言えるだろう。客用の階段室の角は直線的に面取りされ、図面では固い印象を受けるが、吹き抜け側は角が丸く仕上げられている。段裏も曲面で仕上げら

2-30　階段室見上げ

2-31　階段室照明

れており、手すりの曲線と呼応して、らせん階段のような柔らかさがある。階段室壁面のブラケット照明は壺の形のシェードである。最上階四階では、手すりは直線的な仕舞いとなり、突然の変調を感じるが、合理性とこだわりの変換点かもしれない。

建築設計の両義性

壺中居では、東畑自らスケッチし、何度も推敲する設計過程が偶然残されたスケッチからうかがえた。井上繁雄は、現場が始まってからも東畑は現場によく足を運んでいたと回顧する。[*9] 小さなビルだが、東畑にとっては単なる業務ではなかったのだろう。

スケッチの線は、東畑最初の設計、東方文化学院京都研究所のころに通じる。美しくかつ力強さを感じる線である。京都研究所から四〇年余、合理性を追求する姿勢をとる一方で、造形への熱量を失っていない。東洋の古美術を商う店舗だが、どちらかといえば西洋的かつ現代的なデザインにまとめるところも京都研究所に通ずる。東畑は、気持ちがあっても意匠にこり過ぎることはない。こだわることと合理的に考えること、建築設計にはどちらも必要だが、その絶妙なバランスが壺中居に見える。

4 建築と社会の間 大阪駅前第1ビル

都市の中央駅とその駅前空間は、都市の顔として注目される。大阪の玄関口・大阪駅とその駅前空間は、大阪が近代都市として躍進した一九二〇年代、大阪にふさわしい都市景観が求められ、計画図が描かれていた。戦前期に阪急電鉄、阪神電車の駅舎やそれらと一体になった百貨店の建設、国鉄大阪駅の建て替えなどが進み、駅南側の木造密集地域は、大きな街区に高層ビルが整然と建ち並ぶ都市風景の出現、一歩手前までになっていた。だが戦時体制下、整備は中断し、未着手だった空地には、戦後、闇市が出現し、再び混沌としていた。一九六一年、市街地改造法が制定され、大阪駅前は、その第一号の適用を受け、整備を加速させ、駅前の街区に同じデザインの四つのビルが建つ計画図が描かれた。この基本設計を依頼されたのが、東畑謙三であった。

大阪駅前市街地改造事業

戦前期にビルへの建て替えが進んだのは、大阪駅前地区の北半分にとどまっていた。戦後、手付かずになっていた南半分を区画整理事業として整備することになり、大阪市は一九五八年に区画整理事務所を設け、立体換地で区画整理する都市計画をした。

だが都心での実施は難しく、一九六一年に市街地改造法が公布・施行され、東京では新橋、大阪では大阪駅前で、建設省とも協議しつつ実施することになった。計画を具体化するには青写真がないと難しいので、大阪市から東畑謙三にマスタープラン作成の依頼があった。『大阪駅前市街地改造事業誌』[*12]によると、初期計画では対象となるエリアを四つの街区に分割し、一街区一棟のスーパーブロック方式で、四棟すべてを地下二階、地上一二階、塔屋四階で、外観も四棟同じにする案が描かれた。当時、計画局の計画部長であった河村重俊の回想によると、河村が一九五五年にアメリカ視察で見たピッツバーグの市街地改造をヒントにし、高津計画局長とも相談し、「類型の反復」という美学のもとに同じ建物を四つ建てる方針を決定したとある。

なぜ東畑謙三が関わることになったのか

『大阪駅前市街地改造事業誌』巻末には、関係者たちの座談会の記録が掲載されている。[*13]計画から二〇年以上かかった大事業であり、携わった人々も代替わりしてかなりの数になる。行政担当者や周辺の事業者、審査委員など一七人が出席し、初期から計画に参画した東畑謙三も含まれていた。東畑は、マスタープラン作成に関して、プランが出来上がったのは一九六〇年三月だが、それより前、一九五八年頃から、市の担当者に「大阪駅前をどうしたらいいか」という相談を受け、住宅公団の耐火建築の基準を念頭に、大阪駅前を全部四階建ての不燃化にした案を作ったことがあり、それが

12　大阪市都市整備局編『大阪駅前市街地改造事業誌』一九八五年。

13　大阪駅前市街地改造事業座談会、同上書。

契機となってマスタープランの制作を依頼されたのではないか、と述べている。

初期計画で特徴的なのは、同じ規模・意匠の四棟のビルが並び建つ姿である。三階までの低層部は敷地いっぱいに構え、四階以上はセットバックしてオフィス棟とし、第一棟と第三棟の屋上にはヘリポートが設置されている。軒高は四一メートルで、建築基準法の制限三一メートルを超えているが、一階の公共空間（歩廊）の設置などを考慮したのと、すでに近接する阪神百貨店が四一メートルで完成しており、これと合わせたものと考えられる。

この初期計画によって、一九六二年四月、第一地区（後の第1ビルと第2ビルの建設地）の市街地改造事業計画が認可された。

2-32　初期計画時のパース
ほぼ同形のビルが４棟並んでいる。

第1ビルの実施設計・工事

一九六三年春、第一棟の実施設計が始まった。東畑建築事務所には、その直前、昭和三八年（一九六三）二月二二日の日付のある「大阪駅前市街地改造事業施設建築物計画図」と題した図面一式が残されてい

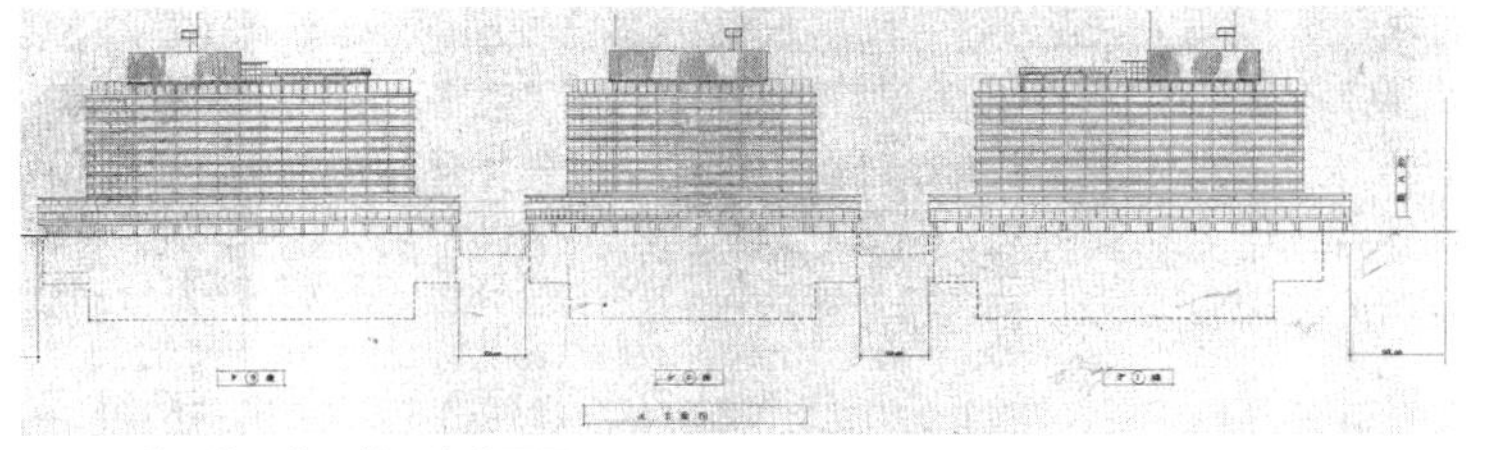

2-33　第１棟～第３棟　北立面図

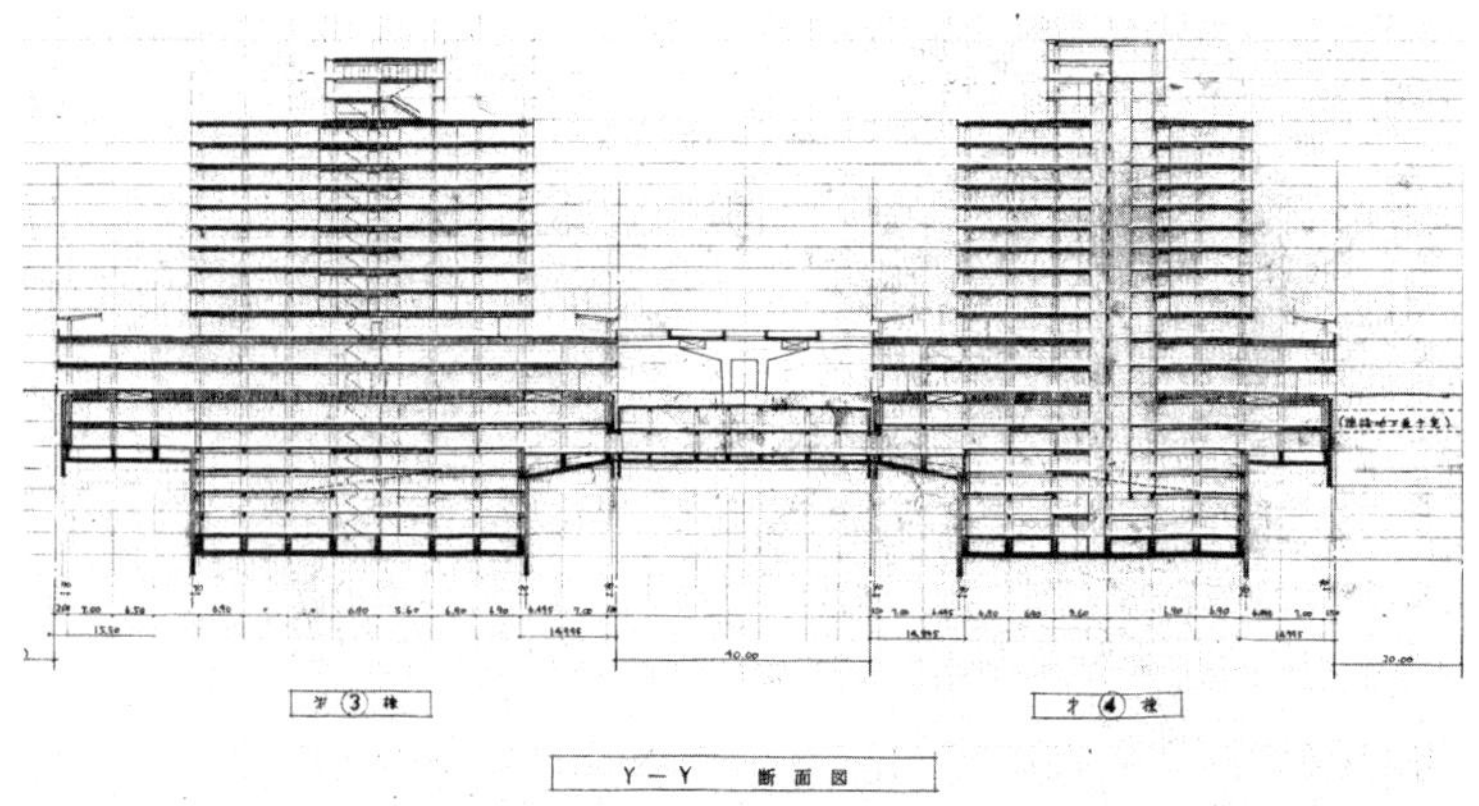

2-34　第３棟・第４棟　断面図
建物間の道路上、3階と同レベルに車路が描かれている。

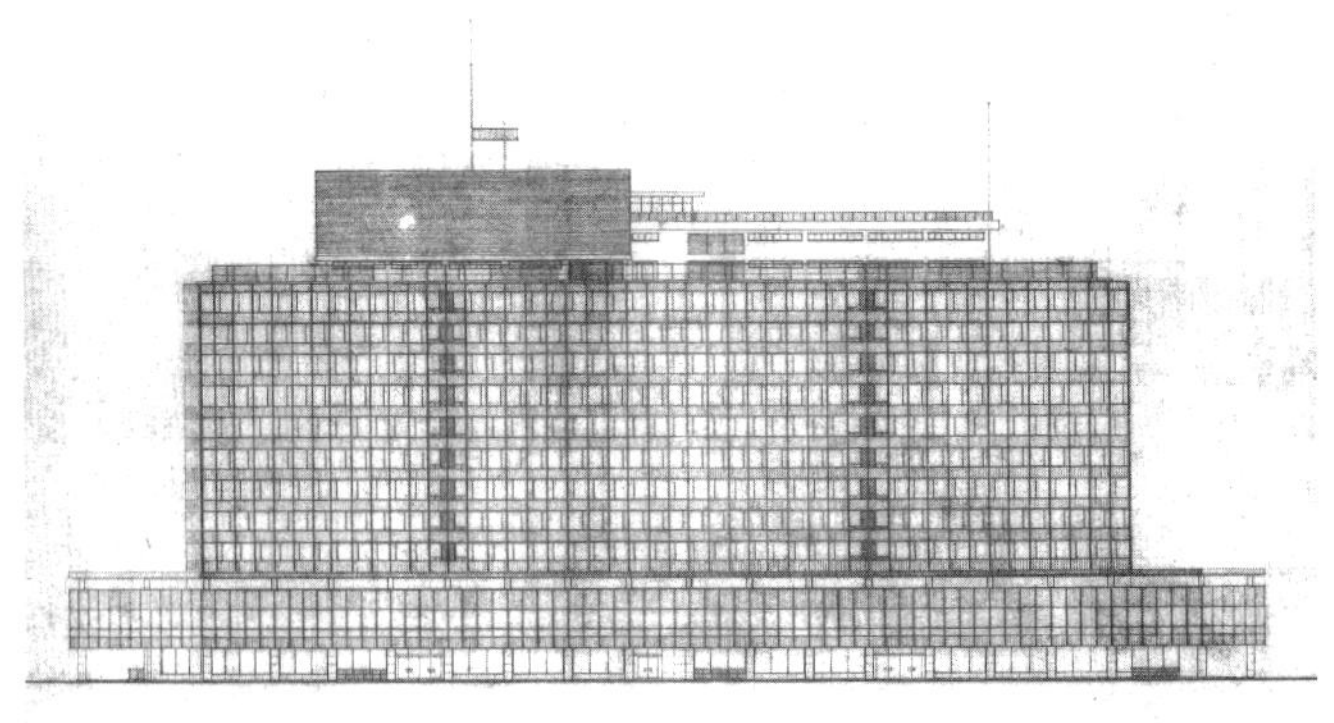

2-35　第１棟　南立面図
プロポーションは2-33と変わらないが、低層部、高層部、塔屋部分、それぞれの意匠が詳細に描かれている。

る。初期計画を引き継ぎ、四棟を描いた基本設計図と考えられるが、先の初期計画案とは異なる部分も多い。

まず軒高四一メートル、地上一二階は変わらないが、地下は六階となり、地上三階と地下三階・四階の三層に駐車場が設けられた。それに伴い、第一棟から第三棟と第四棟の間の幅員四〇メートルの道路上にデッキが架けられ、道路中央部に地下および三階へのランプが計画されている[*14]。地下二階に荷卸場が設けられ、道路の直下は、すべて自動車通路と駐車スペースとなり、車のためのスペースが大幅に増加した。

2-36 大阪駅前第１ビル西半分完成
東半分はまだ工事中で、鉄骨があらわになっている。

第一棟に関しては、後の実施設計に見られる特徴がすでに表れている。エレベータホール付近の平面形は、一〇台のエレベータが直列で並ぶが、中央で少し折れた配置になっている。第一棟と第四棟のヘリポートは具体的には

14 この図面一式の最終ページには、昭和三九年(一九六四)八月付けで、四棟の駐車場をつないでいるランプが、阪神高速道路へ接続される計画図が描かれている。一枚だけ日付が異なるため、どの段階で検討されたのか不明だが、車社会の到来を見据えた大胆な計画だ。

2-37　大阪駅前第1ビル完成
第2ビル以降の予定地には、まだ低層木造建築の密集が見られる。左端に国鉄大阪駅が、その手前に第一生命ビルや阪神百貨店など、駅前北部地区の高層建築が写る。

計画されていないが、「設置予定」と付記されていて、この時点ではまだ保留の状態だったようだ。

その五カ月後、昭和三八年（一九六三）七月の日付で、「大阪駅前市街地改造事業施設建築物第一棟新築工事設計図」と題した設計図書が残されている。大阪駅前第1ビルの設計図である。平面図に関しては、二月の全体計画図における第一棟のものとあまり大きな変化はない。この段階で具体的になったのは外観である。二月の図面では、立面図はあっさりとしていて、敷地いっぱいの低層部と少しセットバックした高層部、そして単調

2-38　地下鉄西梅田駅改札階から第１ビル地下連絡口を望む
半階降りると地下2階、上がれば地下1階。２層分の吹き抜けで開放的な地下連絡口となっている。

にならないようアクセントとなる塔屋部分から成る構成が示されている程度だったが、七月の設計図ではカーテンウォールの詳細な割り付けや庇などの構成要素が描き込まれた。

第一棟の建設は、敷地内の既存建物を一気に移転させることができなかったため、東西で二分して進められた。西半分は一九六五年（昭和四〇）五月一四日に起工式が執り行われたが、敷地内にはまだ立ち退いていない家屋も残る状態で、西半分の敷地の買収が完了したのは起工式から一年後だった。東半分の着工は一九六七年一二月で、西半分は鉄骨組み立てを終わり、最終工程に入りかけていた時期であった。第一棟は一九六八年一二月に西半分が完成、次いで一九七〇年四月に東半分が完成した。

2-39　1階外周部ポルティコ

第1ビルの特徴

詳細な部分では異なる点があるものの、大阪駅前第1ビルは、地区全体の初期計画のイメージに最も近い。当初から計画に関わった者たちが思い描いた「新しい大阪駅前」を具現化したものと言えるだろう。その特徴を見ておきたい。

地下六階、地上一二階、塔屋五階というボリュームのある建築物だ。地下六階から地下三階は機械室や倉庫、駐車場があり、北側道路からのランプで車を降ろし、地下二階に荷捌き場が設けられている。地下二階から地上三階は、店舗としての利用が想定された。地下二階と地下一階は、敷地西側で地下鉄四つ橋線西梅田駅に連絡する。地下鉄改札階は地下二階と地下一階の中間の高さにあり、どちらの階へ進むにも階段を介するが、吹き抜けを設け、見通しが効くようになっている。ビルへの入居は、階によって条件がかなり異なるが、地上階に近い有利なフロアを増やすことができたと思える。一階部分は四周にポルティコ（回廊）が設けられ、外周の店舗は外部から直接出入りできる。一階の平面は大きく七ブロックに分け

2-40　3階駐車場
駐車スペースには屋根が架けられている。建物への出入口が複数設けられ、地上、地下に続く、第3のアクセス階としての役割を果たす。

2-41　3階駐車場から地上へのランプ
第1ビルと第3ビル北側には2つの円形を組み合わせたランプがある。このデザインは初期計画時のパースに通じる。

られ、北面、南面には各三カ所、西面には一カ所出入口が設けられる。三階は低層部の屋上にあたり、周縁には駐車場と車路が配され、三階は第二のグランドレベルとも言える階として提案されている。のちに、第1ビルから第3ビルまで、この階は連結され、人も車も水平に移動することができる。駐車スペースには屋根が架けられ、上

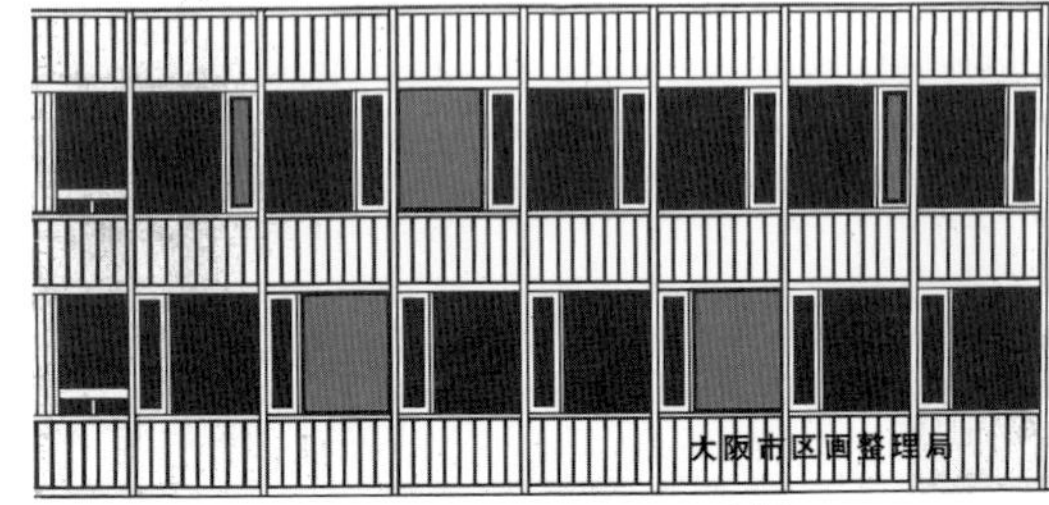

2-42　大阪駅前第1ビルのパンフレットの表紙

2-43　高層部の外装パネル

層部の事務室から見下ろしたときの景観に配慮したという。

大阪駅前第1ビルのイメージで支配的なのは、高層部のカーテンウォールの割り付けである。工業化製品を全面的に用いたビルは、一九五〇年代後半から大阪中心部にも出現していた。それらと比較して、特に変わったものではないが、一層おきに縦長の開口部の位置が左右に振られていて、全体としてみたとき、単調にならない。第1ビルの一般向けパンフレットの表紙のデザインは、このパターンに因んだものである。

事業誌の座談会で東畑謙三は、ビルを利用する人数を考え、出入口のあり方を重視したと述べている。地上からの出入りだけではスムーズではないので、地下部分、三階部分も加えた三つのアプローチを設け、それぞれ十分な出入口を設けている。竣工当初は、車の三階への出入りを可能とする陸橋はまだ完成しておらず、「設置予定」となっているが、車社会となる時代を見据えた計画と言えるだろう。

周辺が変わっても……

大阪駅前ビル建設の事業は、第四棟の工事完了公告は一九八三年（昭和五八）三月三一日で、計画開始から二〇年以上かかった。計画当初、「類型の反復」をねらって同じような建物を四棟建設する絵が描かれたが、東畑謙三自身、それを良しと考えていたわけではなかった。このエリアは将来的には超高層建築が建つ可能性を持つことを、早い時期から予想していた。第二棟以降、立ち退きなどの調整に長い時間がかかった

2-44　大阪駅前ビル４棟完成　1983年
いちばん手前の第３ビルが最も高く、裾をひくようなスカイラインとなった。左（西）奥が第１ビル、第４ビル（第３ビル北側）も東畑建築事務所の設計である。

が、時代に応じて設計は変更され、四棟において「反復」されたのは敷地の形そのままに張り出された低層部のみで、高層部は高さもデザインも異なるものとなった。南東角の第三棟が一番高く、ちょうど網を引っ掛けて、西方向と北方向に裾をひいているような配置である。

大阪駅周辺は、近年劇的に変化している。大阪駅は「大阪ステーションシティ」として駅の南北にそれぞれ商業施設などが再整備され、駅南側にあった近代建築群はほとんど建て替えられ、より高密度になった。駅北側も開発が進められ、「うめきた」完成の日も近い。これら二一世紀の建築群と比較すると、大阪駅前ビルの四棟は、多少古びており、昭和の雰囲気がある。鉄道駅からの距離が少し遠いこともあり、空室が目立った時期もあったが、現在はJR北新地駅が設けられ、地下の店舗群は、時代を経て醸し出された猥雑性が、いまでは新たな価値として受け入れられている。第1ビルの外装は工業製品を全面的に用いているが、低層部の内装では、床や壁、階段部分に大理石が使用され、人々が行きあうエリアに彩りを与え、都市建築としての品格を見せている。

大阪駅前ビルは、地下街が網の目のように広がる大阪駅周辺のど真ん中に位置し、地下、地上、三階の三レベルでのアプローチを確保し、人も車もスムーズに流れるようにした。建設から五〇年を経たいまも、その計画は生きている。

5　柔軟性と長寿命　三重県庁舎

一九六〇年代、日本各地で庁舎建築が建設された。新しい時代に対応する新しい行政サービスを提供する場としての提案でもある。津駅からそう遠くない吉田山上に堂々と建つ三重県庁舎もその一つである。『近代建築』一九六四年八月号に掲載された本館の姿は、現況とそう変わらず、建設から六〇年を経たとは思えない。タイムレスな庁舎はどう考えられ作られたのか、あらためて見てみたい。

新庁舎の建設

近代建築史上、「三重県庁舎」といえば、現在、博物館明治村にある一八七九年（明治一二）建設の旧三重県庁舎が思い浮かぶ。三重県令、岩村定高の発案で大工・清水義八が手がけた擬洋風建築で、現存最古の県庁舎である。江戸時代の幕藩体制が終焉を迎え、洋風庁舎は新しい時代を体現するものだった。旧庁舎は津市栄町にあり、木造でありながら戦火もこえ、長く使われてきたが、さすがに老朽化が進み、一九五〇年頃から建て替え計画が進められた。

一九五五年（昭和三〇）四月、農林省出身で県農林部長・企画本部長を務めた田中覚

2-45　旧三重県庁舎（博物館明治村）

が新しい県知事に選ばれた。[*15] 田中は五期一七年の長きにわたり県政を担ったが、それはちょうど戦後の高度経済成長期であり、伊勢湾岸工業地帯などさまざまな開発が実施された時期にあたる。また、三重県では一九五三年の台風一三号による被害が大きく、県の財政は累積赤字が膨らんでいた。一方で明治建築の県庁舎の建て替えも急務であった。一九五七年に三重県庁舎建設基金積立条例を制定、議会に県庁舎建設特別委員会が設置され議論が開始されたが、財政難により、着工は一九五九年以降に先延ばしされた。一九五七年の議論開始時の記録が、『三重県史資料編』に掲載されている。[*16] この時点では、現在の所在地（広明町）と津城跡のある丸之内の二カ所が候補地として検討されたが、広い敷地が確保でき、従来の県庁舎にも近い広明町、通称吉田山に決定した。

一九五九年九月に伊勢湾台風、一九六〇年五月にはチリ地震津波に襲われ、三重県は災害からの復旧・復興への対応に追われた。県庁舎着工に向けた議論が本格化したのは、一九六一年三月の定例議会に県庁の新築予算が

15　田中覚の大学での恩師は東畑精一、また田中が知事選への出馬を考えたころの農林省事務次官は東畑四郎である。同郷の出身であることや農業政策の専門家である点において、東畑家の人々と田中覚の交流は深く、県庁舎の建設においてもさまざまな相談がなされたものと考えられる。

16　「県庁舎新築建設準備概要」（一九五七年一〇月）三重県編『三重県史資料編現代1政治・行政』一九九二年、五三一〜五三三頁。

2-46　三重県庁舎全景（竣工時）
左手前が議場棟、右奥が本館。本館の後方に三重県立博物館（1953年）が見える。

提案されたときである。一九六二年六月一二日に大手五社を指名して請負の入札を行い、鹿島建設が八億三千万円で落札したが、六月議会において、最低の大林組より一億五千万円も高い鹿島建設になぜ決まったのか、疑義が呈され、会期を延長して議論したが、請負契約は否決された。七月臨時議会で、改めて大林組名古屋支店と六億八一五〇万円で契約する提案がなされ、承認された。[*17] 建設決定から三年をかけて建設され、一九六四年四月に竣工を迎えた。

17　昭和三七年六月定例議会、昭和三七年七月臨時議会、三重県議会史編さん委員会編『三重県議会史第4巻』三重県議会、一九八六年、七四六～七五六頁。

東畑が語る新庁舎の要点

竣工記念のパンフレットで、東畑謙三は「設計を担当して」という表題のもと、設計の要点を述べている。[18]その記述に従い、新庁舎の特色を見ておきたい。

東畑は、まず新庁舎の位置を定める相談をかなり前に受けたことを回顧し、「おそらく全国の県庁の中で指折りの好位置だと信ずる」と述べる。新庁舎は、津市中心部から近いが、吉田山の頂上で、庁舎からは市街が、屋上からは伊勢湾が一望できる。

2-47　屋上から伊勢湾を望む

敷地中央に東西に長い本館（事務棟）、その西寄り前面に議場棟が配置され、二棟に囲まれた部分は前庭広場（駐車場）となっている。本館と議場棟は、「不即不離の立場をとって配置し、その中間に広く県民も併せ使用出来る大集会場を設け、独立して多目的に利用出来る様にした」と説明する。文化施設が十分には整備されていなかった六〇年代には、議場や庁舎の講堂を多目的に利用する試みが他都市でも見られる。議場棟は一九九〇年に改築され、現存しないが、竣工時の写真を見ると、高層で矩形の本館と、低層で議場後方部分が斜めにせり上がり、変化のある立面を見せる議場棟が、広い敷地にゆったりと配置されている。

18　『三重県庁』一九六四年四月。ほぼ同じ文章が『近代建築』一九六四年八月号にも掲載されている。

2-48　前庭広場から議場棟を望む（竣工時）

本館は、「全国のものを参考にして中央廊下式南北面とも同一条件」で、耐震壁を除いて「間仕切は自由取はずし式にして将来の配置転換を考慮し専ら実用を本旨に考えた」という。基準階の平面図は非常にシンプルで、寸法は、「一主任八事務席を一単位とし、これの二列を標準として柱間を考え」たとする。桁行方向は一五スパンあり、階段やエレベータが含まれるコアは、その距離を考え、二カ所に設けられている。東畑は意匠について触れていないが、最後に、「素朴と平調、能率と庶民性、県民の一人として県政のあり方を念じて設計したのであるが、期せずして自らも驚く程経済的に出来たことがせめてもの奉仕であった」と述べている。財政難により県庁舎の建設が何度も繰り延べられ、やっと実現というときに落札の金額でもめたことを考えると、経費に言及するのもわかる。本館の意匠は奇を衒ったところがなく、いたって「普通」だが、どっしりと落ち着きが感じられる。田中覚三重県知事は、挨拶において、親しみある最古の木造県庁から一新して、「新庁舎は、邁進する三重県の姿を象徴するものとして、近代性と荘重な味わいを持ち、しかも広く県民の皆さん

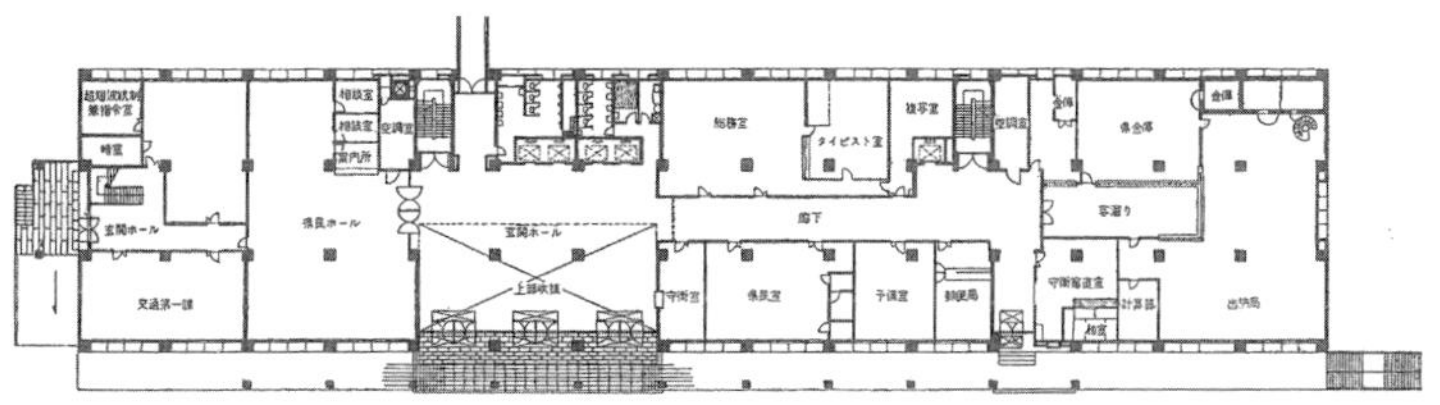

2-49　本館1階平面図（竣工時）

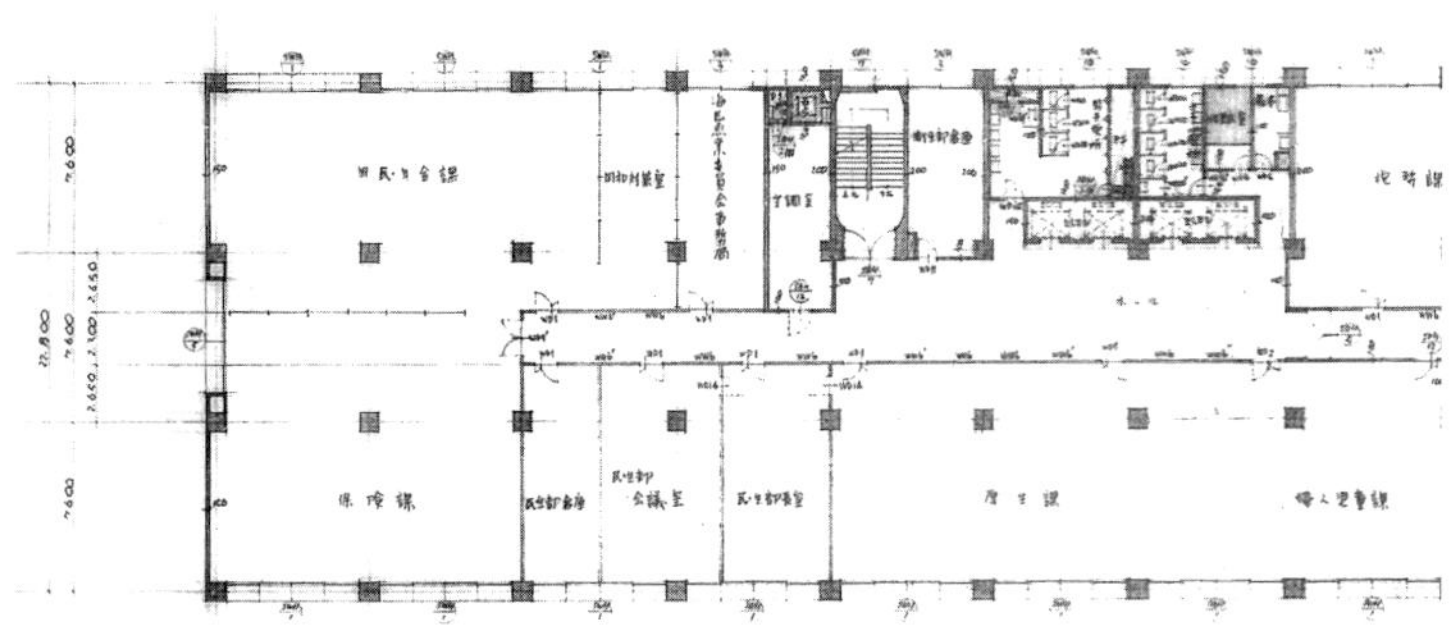

2-50　4階平面図（部分）
中廊下式、机のレイアウトを考慮した均等なスパン割りで、耐震壁以外、壁は変更可能な間仕切りとなっている。

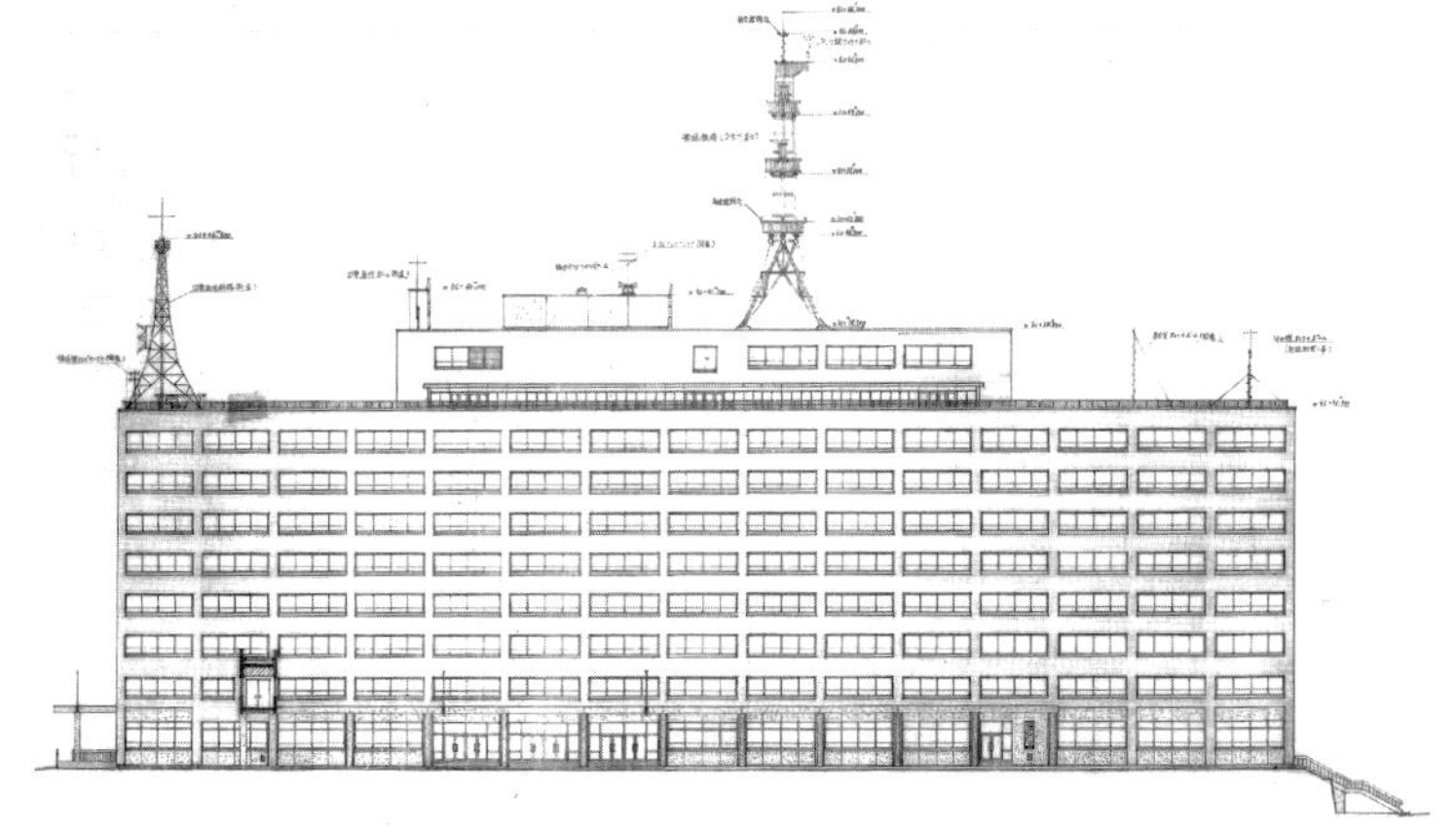

2-51　本館南立面図

2-52　三重県庁舎本館

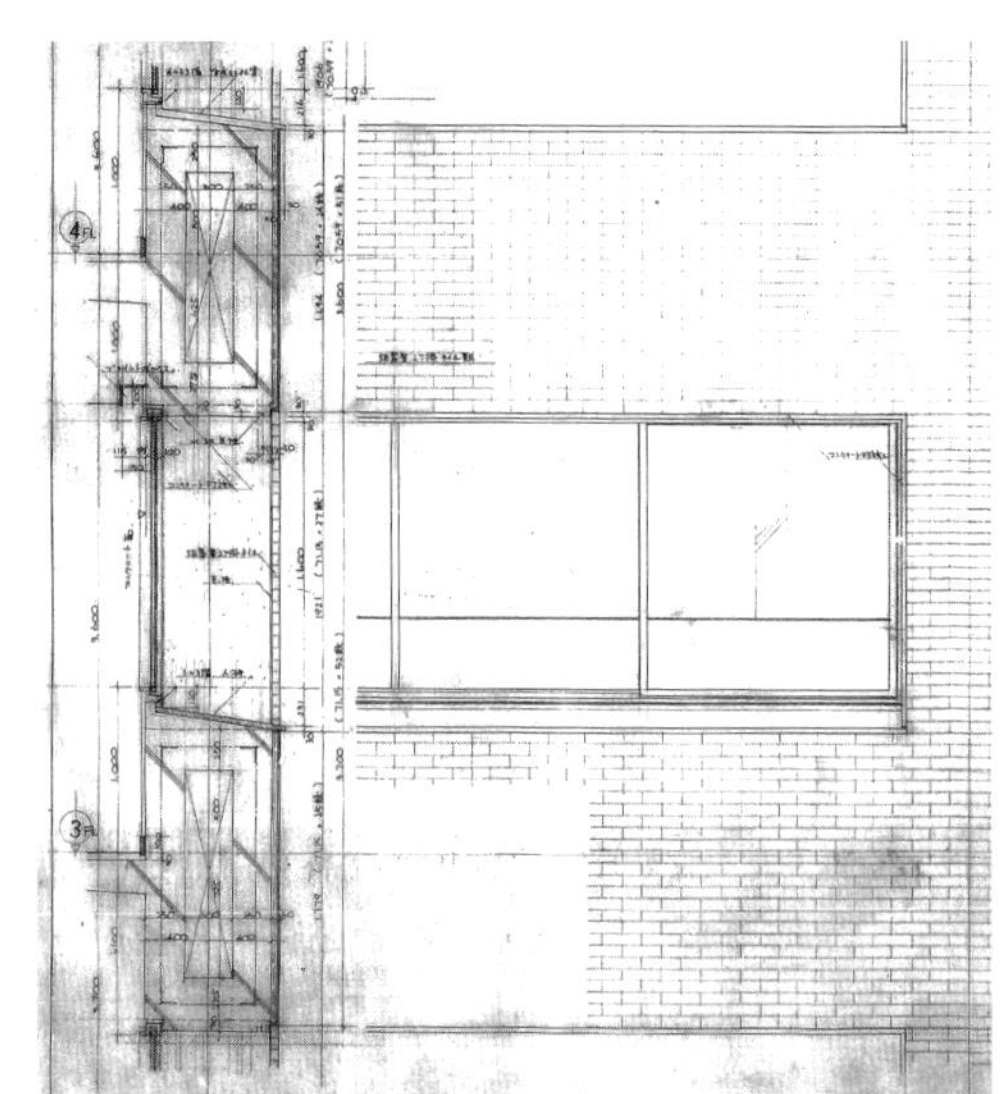

2-53　本館　断面詳細図（部分）
壁の分厚さが際立つ。右側に描いた立面図は、窓周りの材料の取り合いやタイル、サッシュの割付けの表現がなされ、線の数が多い。

に親しんでいただけるような建物になることを期しております」と新しい庁舎への期待を語っている。

ウォールガーターが作る落ち着き

『公共建築』第五巻第四号(一九六三年二月)は、府県庁舎の特集号だ。日本近代の府県庁舎の歴史を振り返った上で、この頃計画・建設された府県庁舎を一〇棟ほど紹介、三重県庁舎もその一つに含まれ、鈴木洋也[*19]が計画について詳しく述べている。

東畑謙三が言及した通り、なにより経済性が重視された。「本館の構造は地中梁共鉄骨鉄筋の経済的スパン均等ラーメンとし、地震に対しては桁行方向は外壁架構をボックス型壁梁の耐震架構を用い、梁間方向では両妻壁を含め三~四スパン毎に耐震壁を均等に配置する様に計画した[*20]」と述べ、構造的に単純で、合理性を優先する。外壁の「ボックス型壁梁」=ウォールガーターが作る外観は、この庁舎の印象を決める第一の要素である。外壁の壁厚は外装材を含め、八八〇ミリに及ぶ。窓は壁の中心線上ではなく、室内側に寄せた位置にあり、約八〇センチの壁厚が外観にそのまま表れ、暗色の磁器質タイルの質感も相まって、外観の印象は重厚で落ち着きがある。窓が奥まった位置にあることで、庇の設置と同様の効果が期待され、特に南面では直射日光が遮蔽される。これほどの壁厚は、近代以前の煉瓦造や石造の建築を想起させるが、煉瓦をイメージするタイルが張られているのは表面だけで、窓周りの額縁部分はコンクリ

19 鈴木洋也(一九三〇~)は一九四七年東畑謙三建築事務所入所、一九八〇年大阪事務所長、一九九五年特別顧問、二〇一八年退任。

20 鈴木洋也「三重県庁舎の設計について」『公共建築』第五巻第四号、一九六三年二月、六二~六四頁。

ート打ち放しであり、二つの素材の組み合わせは現代的だ。断面詳細図はあっさりとしているが、そのシンプルさは、構造的にも、断熱など環境工学的な面でも有利なことを示している。一方、窓周りの立面図は意外と線が多い。タイルと打ち放しコンクリートの額縁の取り合い、人研（じんとぎ）の窓台の小口などが表現されたもので、限られた要素で汚れを防ぐのに有効で、かつエッジを効かせた造形になっている。本館正面に幅広く設けられた庇は、外壁と接する所にスリットが設けられ、庇下にも光が入る。玄関

2-54　本館外壁

2-55　本館外壁（詳細）

ホールは二層吹き抜けで、正面のエレベータ周辺は白い大理石張り、出入口上部は窓とバルコニーが設けられ、開放的で明るいエントランス空間が創出され、いまもほとんど変わっていない。

長持ちする庁舎の条件

本館の事務室空間は、中廊下式で両側に間仕切り壁で仕切られた事務室が並んでいる。この平面形式は庁舎建築の定番であり、『公共建築』第五巻第四号の特集で紹介された事例でもこの形式が多く、主任一人に事務席八席で一つのグループとする点も共通している。三重県庁舎では、事務室部分は七・二メートル×七・六メートルのグリッドで構成されている。このグリッドは他の庁舎の事例に比べると、少しだけ広い。一スパンあたり一〇センチから一五センチ程度の違いだ。また三重県庁舎基準階の階高は三・六メートル、天井高は二・七メートルである。戦前の近代建築は階高や天井高がかなり高いが、一九五〇年代から六〇年代のビルでは、最大の床面積を得るため、階高を切り詰めた設計が多い。狭い敷地で最大の面積を得るにはそれしかないが、三重県庁舎では余裕のある広い敷地が得られ、無理のない、少し余裕のある階高が可能だったと考えられる。

一九六〇年代の庁舎建設ラッシュから六〇年が経ち、日本各地で庁舎の建て替えが急速に進められている。一方で、環境への負荷を抑えるため、建物の長寿命化が求め

2-56　本館玄関（庇）

られ、ハコモノに多額の税金が投入されることへの批判もある。建物が竣工時のまま使い続けられることは意外と少ない。三重県庁舎も、本館内の部署の配置などは変化し続けているし、執務空間は働く人々の意見を取り入れ、リフレッシュルームの設置など、現代的なニーズへの対応もなされている。だが、六〇年を経ても、本館は外観も基本的な平面構成もそう大きく変わっていない。長持ちを可能にしたのは、当初設計に見られる少しずつの余裕ではないだろうか。間仕切りを撤去し、部屋を広げることは可能だが、階高を変えることは難しい。六〇年代の建築にしばしば感じられる内部空間の窮屈さは、切り詰めた経済設計によるものだったが、現代のニーズに合わせ、改修しようとするとき、新たな設備を挿入する余裕がない。条件を素直に捉え、少し先を見て、余裕をもって計画する。それが変化に柔軟に対応でき、長寿命な建築にする秘訣だったと思える。

2-57　本館玄関ホール
壁や床の仕上げは、ほぼ竣工時のまま。

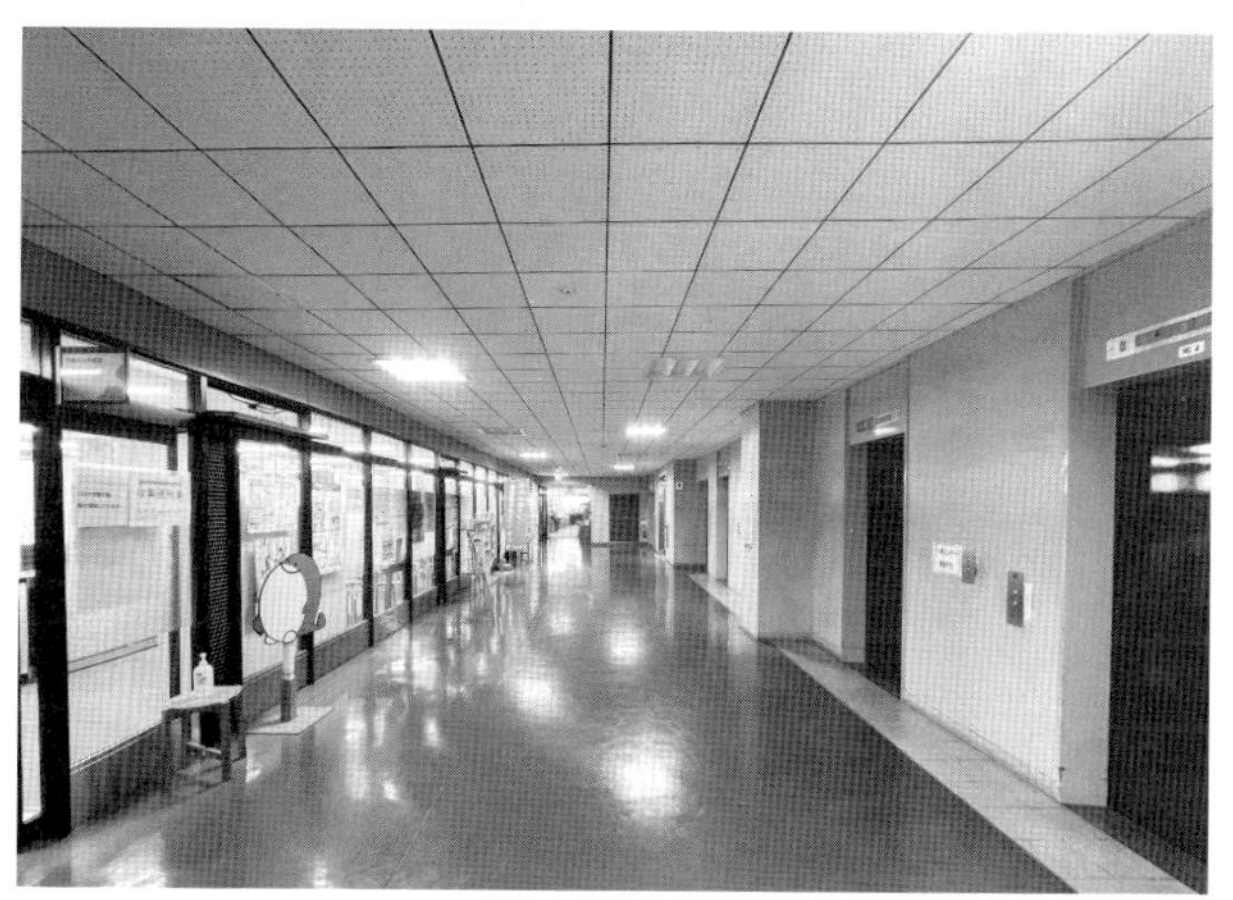

2-58　基準階エレベータ前廊下
同年代の庁舎建築に比して天井高が高めで、窮屈さがない。

6 モダニズムと和風　寧楽美術館・辰馬考古資料館

奈良、東大寺南大門の西に位置して明治期の遺邸を継ぐ名勝庭園依水園(いすいえん)の一角に、大きな瓦屋根の寧楽(ねいらく)美術館[*21]がある。前庭の広い芝生に敷かれた一直線の石畳をすすむと、民家のような白壁とモダンに見える細めの列柱で支持された優しい軒空間にある玄関へと導かれる。古都奈良の仏堂のようであり、またモダンな感覚も備えており、古陶磁美術、書画の名品を収蔵展示する美術館にまことに似つかわしい建物といえる。

依水園は、奈良の呉服商関藤次郎[*22]が一八九九年（明治三二）頃より裏千家茶人（第十二代又妙斎(ゆうみょうさい)の妻猶鹿子(ゆかこ)）の指導を得て築かれた別邸で、趣ある座敷を連ねた種々の茶室と、東大寺南大門の甍、若草山から御蓋山(みかさやま)へと展開する眺望を借景とした池泉回遊式庭園をもつ。園地は東西に広がり、西の園地に建つ茅葺きの三秀亭は清須美道清(きよすみどうせい)が江戸期の一七世紀末に別邸として移築した建物と伝えられる。

美術館の開設

一九三九年（昭和一四）、大和郡山出身で神戸の実業家にして古美術の収集家であった中村準策(じゅんさく)、準一父子が美術品の公開施設を目的に本園を取得し、まもなく財団法人寧

21　本稿は、「寧楽美術館」『建築と社会』二〇一三年四月号所収の稿を下に加筆改稿したもの。依水園の概要、園内の近代和風建築に関しては『奈良県の近代和風建築』奈良県教育委員会、平成二三年、にも記されている。

22　関藤次郎（一八六四〜一九三二）は奈良出身の呉服商を営むかたわら六十八銀行（後の南都銀行）頭取を務めた実業家。

2-59 寧楽美術館竣工頃の全景

2-60 南の三秀亭より土塀越しに美術館の瓦屋根を観る

2-61　南東よりみる本館
軒庇を支える鋼管列柱がモダンな表現をみせている。

2-62　鑑賞室
2000年頃に部分改修されている。

楽美術館を設立するが、戦時下で開館は遅れ、戦後の一九五八年に至った。それから一〇年を経て、三代目準佑館長の時代に現在ある美術館の建設が具体化し、一九六八年に東畑建築事務所の設計、地元の尾田組の施工によって翌年に竣工し、一九七〇年に開館している。それから半世紀余り、館内の展示設備など一部の改装がなされているものの、ほとんど変わるところはない。ここを訪れる来訪者の目には東大寺に隣接した依水園の歴史的環境と和風色の濃い佇まいとともに、一種モダンな新しさに感慨を得る建物であるだろう。

鉄筋コンクリートで和風モダンをつくる

東畑建築事務所の一九六〇年代といえば、三重県庁舎などの公共建築、各地の銀行、そして高層アパートなど、社会の発展に即応して設計業務の幅も量も増大し、それぞれに機敏に対応することで事務所も大きく発展している。当時の設計に求められるものは、発展する時代を表す新しさ、社会の求める合理性、経済性、そしてスピード（即応性）にあったのではないだろうか。そうした時代にあって、この美

2-63　ホールの灯具
丸を連ねた繭形のモチーフは東畑邸はじめ東畑のデザインによく用いられる意匠。

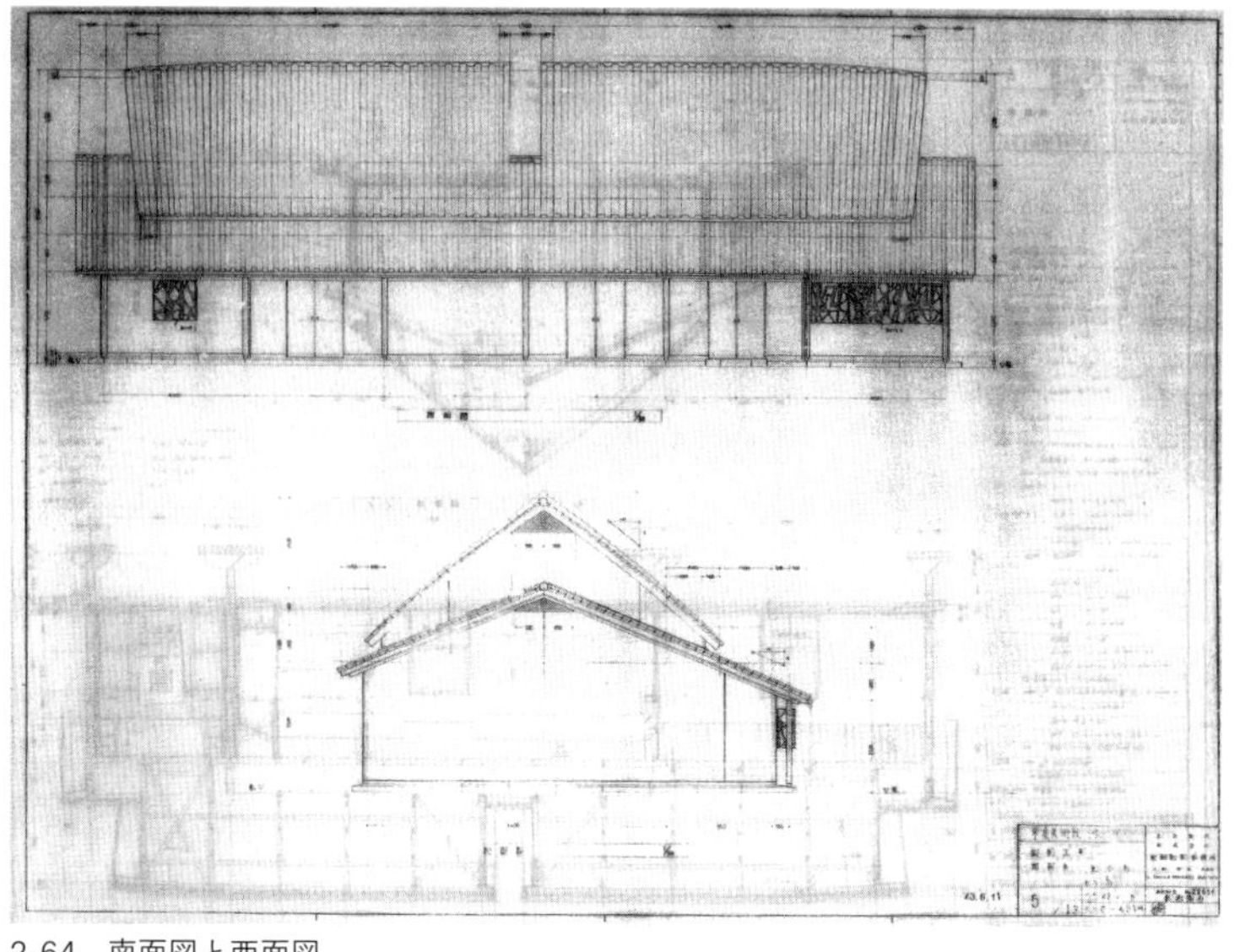

2-64　南面図と西面図
起りをもつ瓦屋根で計画されている。

術館建築は一見異色な趣をもっている。それは歴史的な環境に馴染む和の表現、といえるが、伝統的な和風意匠の活用とは類を異にしたモダンな表現を有する建物なのである。
　建築は鉄筋コンクリート構造で、正面二四メートル、奥行き一二メートルの矩形の平面で、鑑賞室（展示室）、予備鑑賞室、収蔵庫などを備え、美術館として合理的、明快なプランニングで計画されている。建物を注視するといくぶん細めの鋼管の列柱や、正面左右の窓に取り付けられたモダンな意匠の面格子など、明快で個性的な表現を所々に入れていることに気付くのであり、六〇年代らしい造形表現を各所に見いだす。

実際、コンクリートの壁式構造で、床はコンクリートの床下地に直に黒のゴムタイルを張り、天井はコンクリートスラブの表面に浅い溝を入れた打ち放し仕上げの天井など、[23]コンクリートの表現が追求された建築なのだが、外観に見る起りのある瓦屋根の和の表現が全体の印象を決めている。そのおもむきは上屋根の微妙な起りと「特殊本瓦葺」と記される特異な瓦による大屋根と軒下空間の深い陰りから発せられている。屋根瓦は奈良の寺院ひいては中国古寺院を思わせる印象深いものであるが、奈良の老舗瓦宇工業所で製作されたものとのこと。この屋根は大和屋根に由来するともいわれ、起りをもつ瓦屋根の穏やかな表現を特色としている。そして長大な棟を二分する中央のスリットがまことに印象深い。妻面上部には小屋裏換気口が開かれているが、そうした機能より上屋根を二分することで民家的なスケールを意図したもので、遠目には二棟の民家が連なっているように見える。立ちあがる漆喰壁のような白壁は、粗面塗料の仕上げであるが、建物出隅は丸面が取られており、角の線が消されている。

一直線に伸びる下屋の軒先、ごろた石を敷いた雨落ち溝とポーチ端部の白い縁石ラインがあり、深い軒を支える軽やかな七本の鋼管柱がモダンな空間を形成している。また正面壁に並ぶ黒い鋼板扉（防火扉）が白壁を分節し、アブストラクトな飾り面格子を取り付けた横長窓がモダンデザインを鮮明にしている。面格子の意匠は、準佑館長のスケッチを下にデザインされたもので、玄関に向かう一直線の延段の氷裂文に呼応

23　天井、壁の仕上げは近年改装されている。

している。

ところで主屋の瓦屋根は鉄筋コンクリート造の天井上部に木造で架けられたもので、中ほどにあるスリット部には換気窓が付せられており、屋根裏空間の通風設備という機能を果たしている。つまり、創作と見える意匠にも機能的な合理性を求めた設計であり、合理的な意匠として和の表現に挑んだ建築だといえるだろう。

寧楽美術館の設計は、美術館の開設を構想していた三代目館長の中村準佑が東畑建築事務所の所員鈴木洋也と知己だったことから事務所に入った仕事だったが、設計は東畑が入念に計画し、鈴木の作図担当で進められたものである。そのことをうかがわせる建築に、東畑が一九五五年に建てた住吉の自邸[*24]がある。

当時の住宅は建て替えられ残されていないが、『新住宅』（一九五六年）誌上に清林舎の名称で収録されており竣工時の様子がわかる。フラットに見える緩いカマボコ型の屋根と白い壁の住宅で、「鉄筋コンクリート壁式構造。屋根は大きな円弧の鉄筋コンクリート造、防水モルタル白セメント仕上げ。パラペットはのし瓦張り、外壁防水剤入白シックイ仕上げ、木部及び鉄部はベンガラ色の色調で、町家の味を生かし、しかも清新な感覚を込めた住宅[*25]」とある。気付かないほど緩やかな曲面屋根の平屋住宅で、白い外壁に縦横の開口部がバランスよく配置されている。ヴェランダ、テラスのある南面では「のし瓦」による軒線、コンクリートのグリル（透かし格子）など特色ある表現が見て取れる。屋根面はモルタル仕上げで、瓦は軒先となる低いパラペット及びケラ

24　東畑邸については、第一章五節「戦後期の対応と新時代の発展」でも記している。

25　「清林舎」『新住宅』一九五六年四月号。

バだけに用いられているが、デザインとしては欠かせないポイントのようだ。瓦の使用はテラス床、そして玄関土間も敷瓦なのである。住宅デザインの基調はモダンを目指したもので、ヴェランダ上部の庇屋根を受けるのはスチール柱であり、雨戸がスチール戸白色塗装であるのも珍しく新鮮といえる。

鉄筋コンクリート壁式構造とスチール、ガラスで構成されたモダンな住宅であるとともに、パラペットののし瓦の使用や、洋式居間に床（とこ）の設備など、和を導入した特色があり、一四年後の寧楽美術館の設計につながる建築といえる。

辰馬考古資料館

その後の一九七六年に辰馬（たつうま）考古資料館の設計がもたらされている。辰馬悦蔵[*26]は京都帝国大学で歴史学を修め、家業である酒造の蔵元を継ぎつつも考古学研究、古器物美術品の収集家であった。当家には先代悦叟（えっそう）の収集した富岡鉄斎作品も蔵されており、それらの保存、公開施設として財団法人を設立し資料館が計画されたもので、東畑も設計にはエネルギーを注いだに相違ない。

一九七七年に竣工した本館建築は、鉄筋コンクリート造の平屋建て、日本瓦葺きの土蔵を想わせるものである。中央に入口扉を置き、左右を対称にデザインされた均整感あるもので、古器和物の資料作品を展示するに相応しい清楚な建築である。

建物に対面すると、側壁を卯建（うだつ）のように立ち上げ、棟を高くし、小さな越し屋根を

26　辰馬悦蔵（一八九二〜一九八〇）醸造家辰馬家に生まれ、北辰馬家三代当主を継ぐ。家業である酒造業のかたわら、考古学研究を深め、考古資料の収集も行った。

2-65　辰馬考古資料館北東寄り正面

2-66　正面テラスの手すりと袖壁
東畑謙三好みの意匠。

配した特異な屋根が眼に入る。加えて両脇の小壁に開く繭形の飾り窓など開口部の意匠が凝らされたもので、和を基調とした建築の特色が見て取れる。また、この建物の見逃せないところに正面に付された縁側のようなテラスがあり、建物に浮遊感を与えている。スチール手すりのモダンなデザインも特色があり、資料館の建物に温かくモダンな印象を添えている。

辰馬考古資料館は先述した寧楽美術館の本館建築の展開として位置づけられる建築であるだろう。二つの建物から、東畑の日本民家への共感と和瓦へのこだわりがわかる。

瓦屋根について

東畑は晩年に自身の新春講話を集めた冊子『ねずみ色からぼたん鍋まで』を刊行している。[*27] その第一話「ねずみ色」のなかで次のように記している。

建築風景でも中国蘇州、杭州の水郷にある民家の屋根と壁、日本倉敷のなまこ壁と本瓦葺のある町並み風景は、いずれも東洋のねずみ色美である。屋根瓦でも良質のものを銀ねずみというが、雨あがりのこの色は忘れ難きものである。

瓦屋根は白壁と木々の緑と相まって、多彩な表情をみせる、ともいう。そうした建築風景を奈良の寧楽美術館、西宮の辰馬考古資料館に観ることができる。

27 『ねずみ色からぼたん鍋まで』は第三章2節でも記している。

第2章

東畑謙三の「建築」

京都大学人文科学研究所
附属人文情報学創新センター
（旧東方文化学院京都研究所）

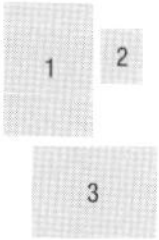

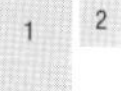

1 書庫
2 内部階段
3 中庭

トーア紡マテリアル株式会社
四日市工場
（旧中央毛糸紡績株式会社四日市工場）

4.5.7 天井部詳細
6 旧食堂棟正面

繭山龍泉堂

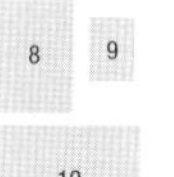

8 玄関
9 コーナー部詳細
10 外観

壺中居

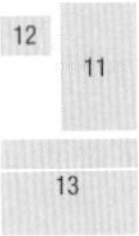

11　バルコニー
12　着彩パース
13　外観

大阪駅前第１ビル

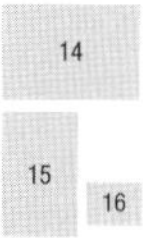

14　外観
15　外壁詳細
16　車両用ランプ

三重県庁舎

17 外壁
18 玄関庇
19 外壁詳細

寧楽美術館

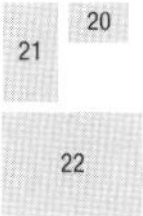

20 軒先詳細
21 列柱
22 外観

辰馬考古資料館

24 23
25

23 越し屋根
24 飾り窓
25 外観

第3章

東畑謙三の「横顔」

ダイアローグ
3

「人間のいとなみ」を愛する？

西野　東畑さんが設計された建物には、いろいろな個性があって驚きました。そこには、それぞれに異なるひとの思いがあったんですね。

東畑　「ひとに寄り添う」建築技師の仕事、どう感じましたか？

西野　どうかと言われても、まだちょっと……。でもわたし、建物の設計を考える前に、もっと人間について考えないといけないと、いまさらながら思います。

東畑　いいことに気づきましたね。人間を考えることが、建築技師への第一歩です。そうだな、人間を考えるということは、人間のいとなみを考えることと言えるかもしれない。

西野　いとなみって……仕事のことですか？

東畑　もう少し広く、活動とか営為と考えてほしいかな。
私は、三重の大きな農家の三男に生まれたんだが、農業という仕事は夜明けと

ともに始まり、日暮れて終わる。単純に見えるけれど、決してそうではありません。自然の法則には独断が無いのです。個人の思い付きでどうなるというものではありません。一日として同じ空がないように、自然と関わる仕事も日々、年々変化しています。

西野 変化ですか。

東畑 そう、それを見逃してはならない。植物の気持ちになって考えなければいけない。植物には言葉がないだけで、デリケートな意思があります。必死に考えて育てても、実らないこともある。自分でも野菜や花卉を作っているが、これがなかなかうまくいかない。

西野 いろいろとなさるんですね。

東畑 それでも耕し、種をまき、収穫する。素晴らしい時の流れだと思います。だからかもしれません、そんな日常の一瞬を描いた絵画も好きですね。ミレーの「晩鐘」とか。

西野 東畑さん、なんだか楽しそう。(笑)

東畑 野菜や絵画、建物など、人間が創り出したものに触れると、感動を覚えることすらあります。同時にそれをつくりだす人類そのものに、慈しみのこころが沸

き立ってくるんです。

西野 東畑さんが感動したものって、たとえばどんなものですか？

東畑 人間が創り出すものに、その作為を超越し、時として何かが宿ったような「完璧な美」を持つものがあります。

西野 完璧な美と言えば、エジプトのピラミッドがまず思い浮かびますね。ナポレオンの『エジプト誌』にも描かれていますが、ピラミッドは、構想から実現まですべてが奇跡のようないとなみです。

東畑 『エジプト誌』……聞いたことあります。本も好きなんですね。

西野 ええ、ルネサンスの本も大好きですね。パラーディオの『建築四書』なんて、なんとも美しい。

あとは、千年前の中国南宋時代の壺なんかも素晴らしい。なぜあそこまでの技術があったのか、不思議でなりません。

わたし、ショパンのポロネーズが好きです。激しく転調するとこなんて、楽しくて元気が出ます。

東畑 ……そうか！　わたしが心地よいと思った音楽、空間や造形も、誰かがひとを思いやり、必死で創り出したものなのか。

東畑 わかってくれたみたいだね。そういった優れた人間のいとなみこそが、時代を超えて愛されるんだと思います。

「おもしろい」かどうかも同様でしょう。人間のいとなみにどのように焦点を当てるのか。その在り様に「新しさ」や「期待を超えるもの」があるかどうかが重要だと思いますね。

西野 建築設計って、人間のいとなみにかたちを与える、すばらしい仕事なんですね！

でも私にできるのかしら？

東畑 そんなに気負わずに。（笑）

私の愛する人間のいとなみについて、しばしお付き合いいただけるかな？

西野 なんだか長くなりそうな予感。（笑）

第3章
東畑謙三の「横顔」

1 ナポレオン『エジプト誌』
2 東畑謙三手書きの清林文庫リスト
3 プトレマイオスの世界図

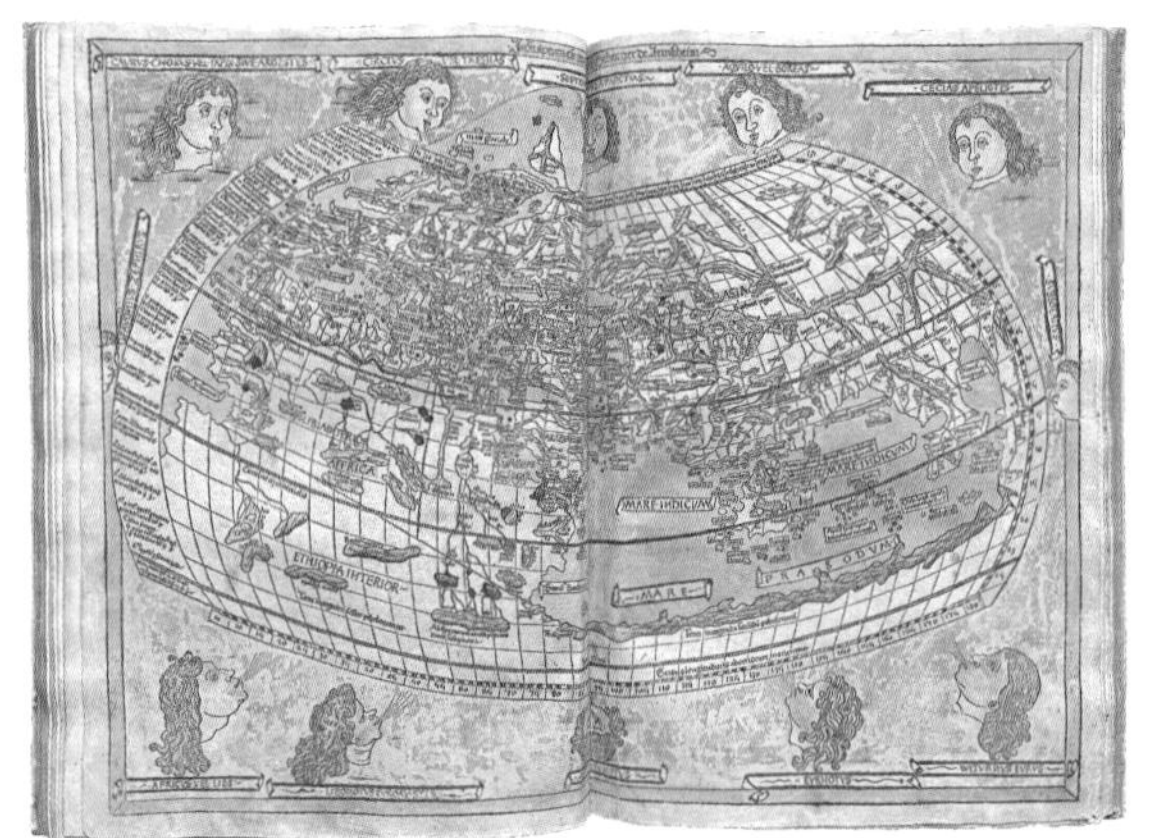

4 青花牡丹唐草文盤
5 青花雲龍文梅瓶
6 スケジュール帳に描かれた記録（原寸）

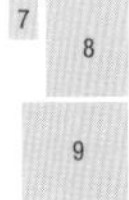

7 封筒の裏に描かれた山葡萄のスケッチ
8 同スケッチ（原寸）
9 卒業設計（部分）

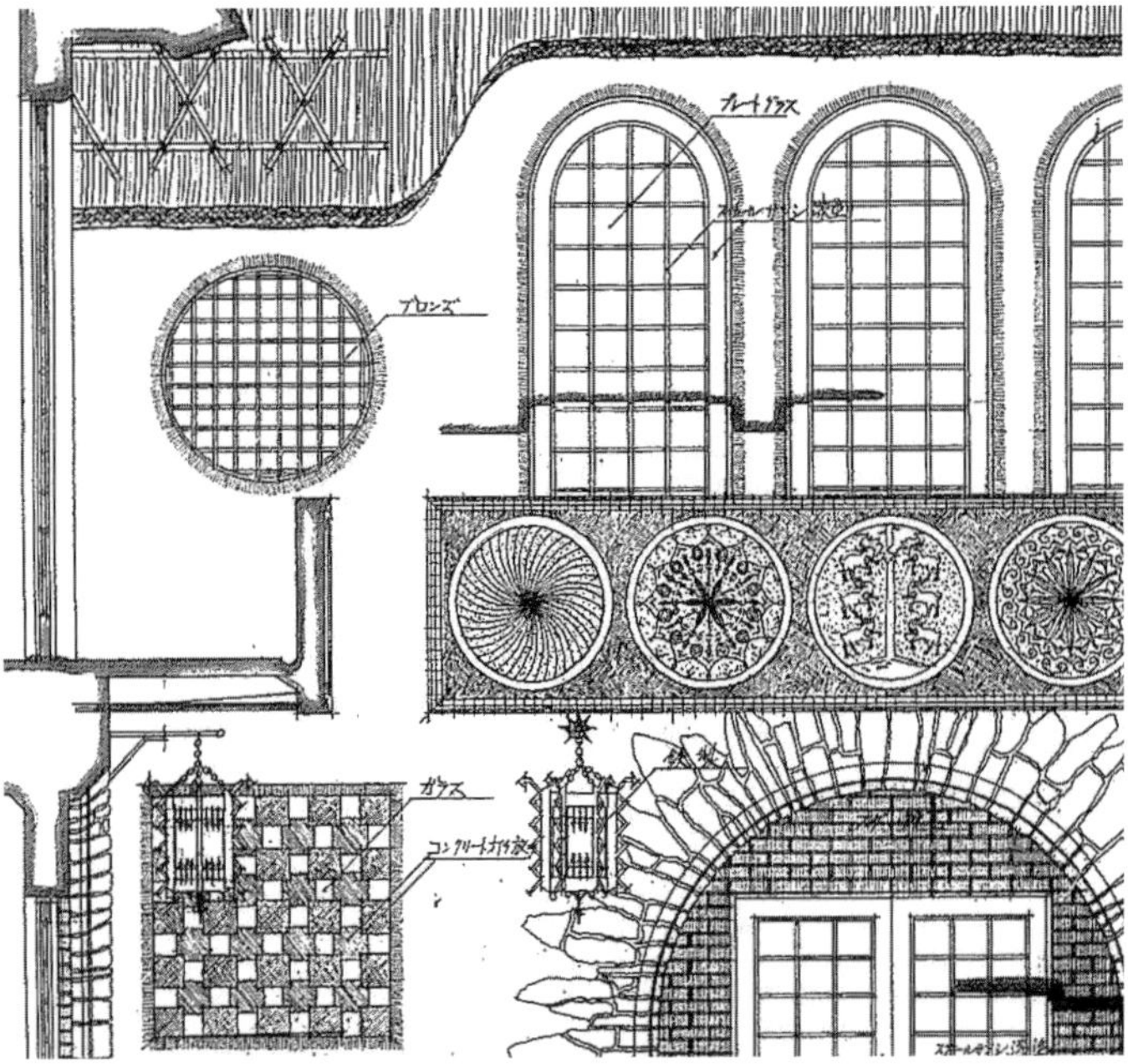

1　古美術と稀覯本

厳しい眼をもつコレクター

東畑謙三は建築界に大きな足跡を残したが、その人並み優れた審美眼と、何事も極めるまで探求する性格から、古美術と稀覯本の世界でそれぞれ高く評価されるコレクションを築き上げたことでも知られている。

第1章、第2章で紹介されているように、東畑謙三は一九二六年に京都帝国大学工学部建築学科を卒業し大学院に在籍中、主任教授武田五一のすすめで東方文化学院京都研究所の設計に携わった。このとき、建築委員長の浜田耕作や梅原末治、羽田亨らと親しく交わることになった。

浜田は京都帝国大学考古学研究室の初代教授で『通論考古学』『橋と塔』など多くの著作を遺した人物、梅原はその弟子で中国・朝鮮・日本の銅鐸や銅鏡、青銅器などの研究をしており、羽田は東洋史学者だった。東畑は浜田に気に入られ、「お前、ここへ来て中国の建築の研究をやれ」と言われたこともあったという。浜田の研究室に出入りするようになった東畑謙三は、中国の陶磁器や彫刻、絵画などに触れる機会も多かった。そして浜田らの話に巻き込まれるうちに中国の古美術に魅了され、やがてコレクターになっていった。世界の貴重書などのコレクション「清林文庫」にアジアの建築に関する本が多く収められているのも、浜田らとの交流の賜物である。

東畑は中国陶磁器などのコレクションを始めるようになったが、心から信頼できる一流の美術商としか付き合わなかったようで、中でも老舗の繭山龍泉堂と壺中居との付き合いが深かった。

壺中居顧問の井上繁雄によると[*1]、東畑のコレクションは中国が中心で、最初は銅器や殷時代・六朝時代の陶磁器などから入っていった。東畑の見方は非常に厳しく、完成度の高い完璧なもの、品のよいものしか認めなかった。その点は、学問的価値があれば破片でも喜ぶ学者とは違っていた。

だから東畑は古美術商にとって「鏡のような方」で、その審美眼は本能的なものだったという。値段のことは一切言わないので、よけいに怖かった。オークションなどでは写真を見て八、九割方決め、これを買っといてくれ、と指示したようだ。

3-1　中国陶磁のコレクション
東畑謙三はコレクションを写真に撮り、家族アルバムに貼っていた。

1　本書一一七頁注9参照。

第二章で紹介されているように、東畑建築事務所は繭山龍泉堂（一九六〇、二〇一七年改修）と壺中居（一九七三）の設計を引き受けている。繭山龍泉堂について、東畑は「陶器を買う時自分はいつも龍泉堂を信用して任せて来た。建築については自分に一切任せてくれ」と言ったという話も伝わっている。[*2]

大阪市立東洋陶磁美術館の館長を務めていた伊藤郁太郎は、『建築と社会』一九九九年五月号（東畑謙三追悼号）に「文化人としての東畑謙三」という談話を寄せている。

開館五年目にあたる昭和六二年のある日、突然、東畑先生より直接お電話があり、じつは自分の持っている陶磁器を二点寄贈したいといわれました。私がどのようなものでしょうかとお尋ねすると何と「元染付の牡丹文の皿です」とおっしゃる。私は思わず「えっ、本当ですか」と大声をあげてしまいました。それほど先生からお申し出のあった「青花牡丹唐草文盤」は貴重なものです。重要文化財で、しかも元染付の皿の中で世界一との高い評価があり、古美術界で知らぬ人すらないほどの名品だったのです。

「天にも昇る気持ち」だったという伊藤郁太郎の驚喜ぶりが伝わってくるが、続けて、「『貰って頂けますか』とおっしゃる先生の謙虚さに心打たれる思い」がしたと語る。伊藤によると、「『青花牡丹唐草文盤』（本書一七五頁参照）は、牡丹の花が違った角度で

2 『日本美術工芸』二六六号、一九六〇年一一月号。

四輪描かれており、生地はあくまで白く、染付のコバルトの発色が目に痛いほど濃く強い。そして、文様自体が力強く、しかも傷が一点もない」。まさに井上の言葉にある「完成度の高い完璧なもの」である。この大切な陶磁器を、もう一つの名品「青花雲龍文梅瓶」とともに無償で寄贈する東畑の太っ腹にまた驚く。東畑はこの優れた美術品を私蔵するより、美術館で多くの人の目に触れるほうが生かされると考えたのだろう。

伊藤は東畑謙三について次のように語る。

中国陶磁の収集家としての東畑先生は、少し古いコレクターなら御名前を知らぬ人はいないほど高名で、しかも「厳しい眼をもつコレクター」として知られた存在でした。(中略)「厳しい眼」という評価は古美術界では最高の賛辞です。そもそも中国陶磁の価値はその凛とした厳しい美しさにあり、内面を厳しく律する人のみ、その真の美しさと価値が理解できます。おそらく先生は御自身にも非常に厳しい方で、その厳しさが先生を中国陶磁の世界へ向かわせたのだと思います。

東畑の内面とコレクションは不即不離の関係にあった。

古書は楽しみ

東畑建築事務所大阪オフィスに設けられた「清林文庫」は、東畑謙三が何十年もかけて集めた、建築をはじめ美術、工芸、絵画、彫刻、古地図、考古学、探検記など多岐にわたる一万五千冊を越える膨大なコレクションである。「清林」は「清風竹林に在り」、すなわち清らかな風は万物に分け隔てなく行きわたっているという禅の教えからきている。東畑謙三は希少価値などは意識になく、清林文庫は人類が営々と築き上げてきたものをあまねく伝えるための多様な蒐集となっている。それらは誰の目にも触れない「所蔵」ではなく、所員が気軽に手に取り、新しい価値を生み出す「建築技師」に成長するための「文庫」をめざして創設されたものなのである。

清林文庫の原点には東畑謙三の書物好きがあった。東畑は「からだと頭の体操」という随筆に書いている。[*3]

私は元来書物が好きであった。歳をとるにつれ時間の余裕が出来たので、近来益々この時間が楽しくなった。（中略）平時時間があれば読書―否書見である。種類は職業柄、建築、美術工芸の古書。

「古書蒐集は山を極めるに似たり」として、「山脈連山の一峰をきわむれば、その隣にまた一峰があらわれる。昨今のこの山脈は西欧古都市図である。ここに双峰が出現した。それはメリアンとブラウン・ホーヘンベルグの都市図集である。いづれも一六世紀の著書。作者は建築家である。これらはエッチング、木版画、都市の俯瞰図でパ

3 「からだと頭の体操」『大阪設監ニュース』二五、一九八四年早春号。

ース的な図面であり、画としても版画としても全く芸術味豊かなものが多く、興味はつきない」という。さらにシェーデル『世界年代記』（『ニュールンベルク年代記』）（一四九三）やミュンスターの『コスモグラフィア』（一五四〇）に行きあたる。

これらの都市図、城郭、人物肖像図等の木版画はメリアンより一層古拙の中に抽象美を感ずるものである。西欧古書でも一五世紀のものをインキュナブラといって別格あつかいであることがわかった。表紙の皮、紙の質、綴り方、印刷活字、すべてみな西洋典籍学に書いてあるとおりである。

「インキュナブラ」は、グーテンベルク聖書以降、一五〇〇年までに活版印刷術を用いて印刷されたものを指す。東畑は西洋典籍学の書物などを紐解きながら収集をしていったが、そのコレクションは世界的にも価値の高いものである。

建築史学者、科学技術稀覯書研究家で金沢工業大学建築アーカイヴス研究所長を務めた竺覚暁は「筆者の知る限りでは、我が国における建築書コレクションとして、その量と質において最大にして最良のものである」とし、「いわば世界の歴史的建築博物図誌と言うべき、一大書物群を構成しているのであって、まさに壮観と言うよりほかにない」と絶賛している。[*4] そして建築関係を中心に一部の書物を紹介している。たとえば、シェーデルの『ニュルンベルク年代記』（一四九三）。ヨーロッパの有名都市が初

4　竺覚暁「『清林文庫』東畑謙三の建築博物誌の宇宙」https://www.tohata.co.jp/memorial/pdf/tohatakenzo.pdf

3-2　シェーデル『ニュルンベルク年代記』（ラテン語版初版、1493年）

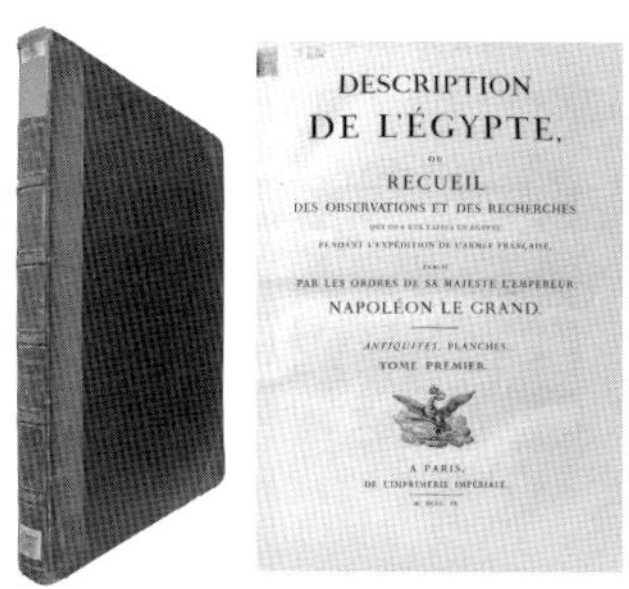

3-3　ナポレオン『エジプト誌』（初版、全23巻、1809-1822年）

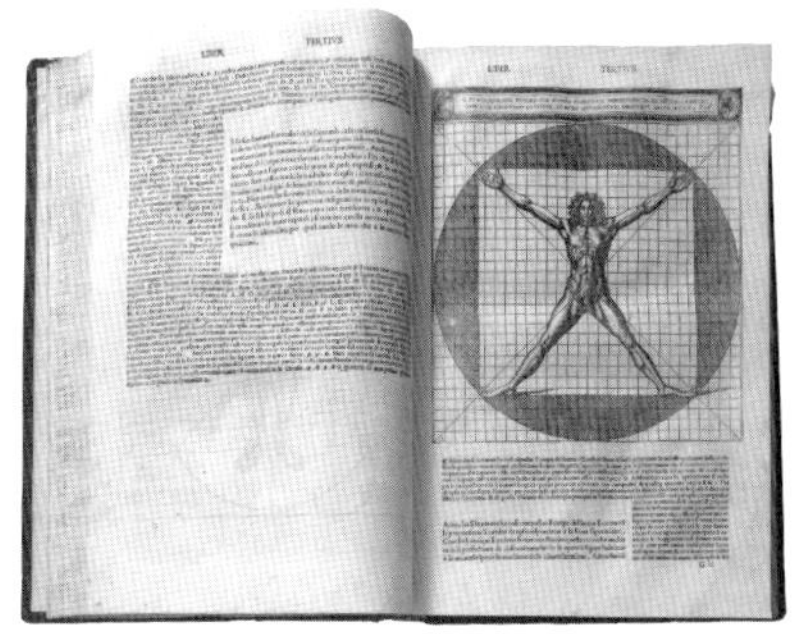

3-4　ヴィトルヴィウス『建築十書』（イタリア語初版、1521年）

（＊いずれも清林文庫より）

めて美しい木版画で多数収載されたもので、建築史家にも有名になった。これはインキュナブラであり、おそらく清林文庫の中で最も価値の高いもののひとつだという。さらに、デュ・セルソーの『古代ローマの建造物』(一五八四)、ナポレオンの『エジプト誌』(一八〇九〜二二、一七四頁参照)、ヴィトルヴィウス『建築十書』(一五二二)、パラーディオの『建築四書』(一五七〇)、スカモッツィの『普遍的建築の理念』(一六一五)などが挙げられている。

『古代ローマの建造物』の著者デュ・セルソーは一六〜一七世紀フランスの建築家の一族である。古代のローマ市には各時代の代表的な公共記念建造物が残されているが、この本は一六世紀におけるそれら建造物の姿を伝えている。

ナポレオン一世(一七六九〜一八二一)は一七九八年のエジプト遠征に際し、芸術家、考古学者、科学者、技術者など一七五名からなる学術調査団を同行した。超大判二三巻の『エジプト誌』はその調査結果をまとめて刊行したものである。

『建築十書』を著したヴィトルヴィウスはローマ時代の建築家・建築理論家。本書は完全なかたちで現存する唯一の古代建築理論書で、ルネッサンス期の建築家にとって

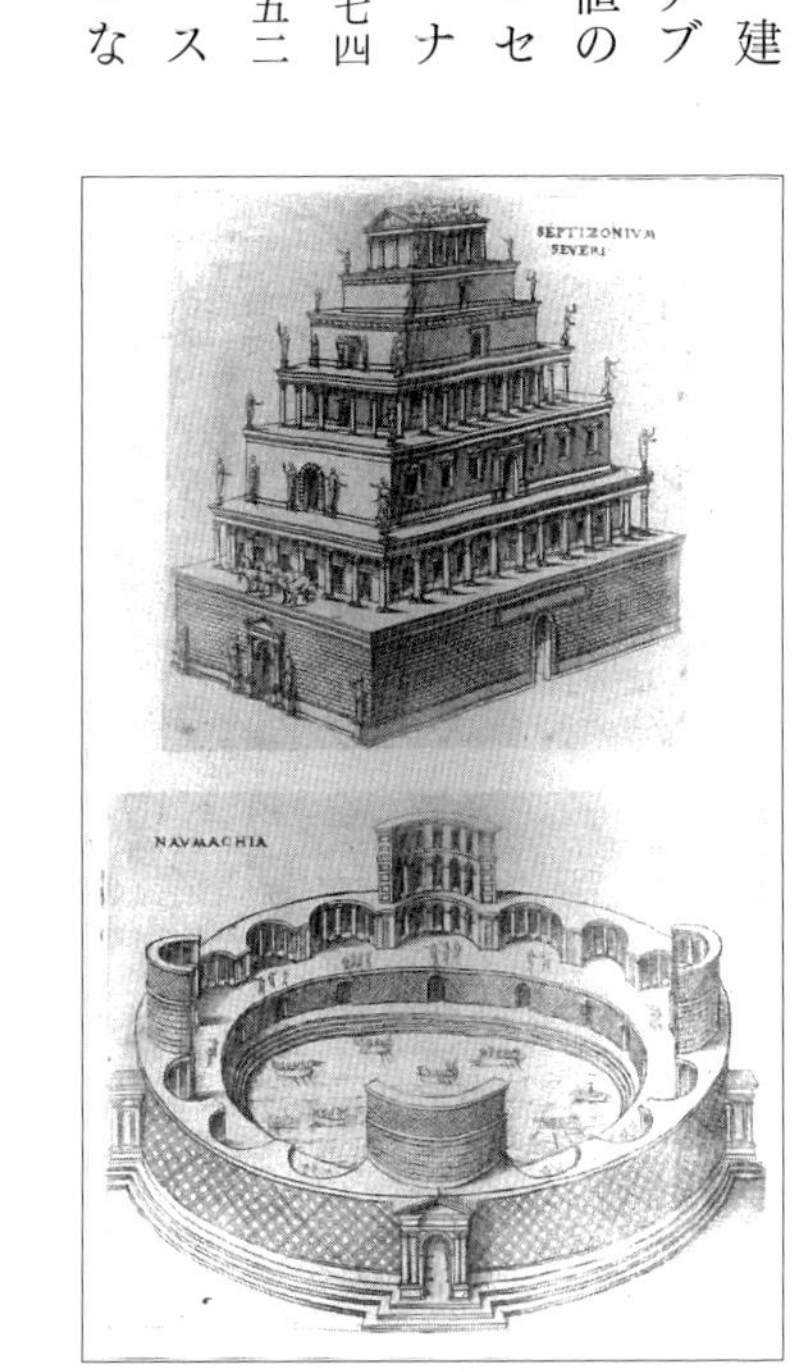

3-5　デュ・セルソー『古代ローマの建造物』(1584年)

もっとも影響力のある重要な書物だった。

『建築四書』はルネッサンス期に大きな影響力をもっていた建築家パラーディオの著作である。パラーディオは自分の建築理論やデザインはギリシア・ローマの古典様式に由来すると述べているが、本書によりパラーディオ様式と呼ばれる独自のスタイルが確立され、英語版によってパラーディオ様式は欧米諸国に大きな影響を及ぼした。

スカモッツィはイタリアのルネサンス後期に活躍した建築家で、『普遍的建築の理念』は、ルネサンス期の建築理論の集大成としてイタリア以外にも影響を与えた。

清林文庫には中東やアジア関係の図版集や報告書も多い。たとえばクレスウェル『初期イスラムの建築』（全二巻、一九六九）、ラ・ロシュ『インド建築』（全二巻、一九六九）、リーマンス『ボロブドール遺跡』（全六巻、一八七三〜七四）などがある。

多くの古地図が収められていることも清林文庫の特徴である。一九三二年に欧米の建築を視察する旅行に出かけたとき、ロンドンの古書店で古地図に出会い、すっかり魅せられたようだ。プトレマイオスの名を冠する世界最古の世界地図などのほ

3-6　リーマンス『ボロブドール遺跡』
東南アジアの二大古建造物のひとつとされる仏教建造物ボロブドールを428枚の石版画で紹介する図版集。

か、伊能忠敬の「東三拾三國沿海測量之図（写本：二メートル×三メートル）」、浅井了意撰『江戸名所記』といった江戸時代に刊行された各地の名所図会など日本の古地図や地誌も豊富に集められている。

清林文庫には入手したときに東畑謙三が手書きした膨大な蔵書リストも遺されている（一七四頁参照）。興味深いのは、詳細なリストであるにもかかわらず、購入価格の項目がないことだ。また、蔵書に傷んだ個所が見つかると、東畑はなんのためらいもなく事務用の粘着テープで補修したという。非常に高価な稀覯書なので、普通なら専門家にまかせて補修するだろう。そんなところにも、本は使ってこそ活きる、多くの所員に活用してほしい、と願った東畑の思いが垣間見えるのではないだろうか。実際、清林文庫の書籍から設計上のヒントを得たという所員の証言がいくつもある。

3-7　浅井了意撰『江戸名所記』（1662年）
江戸の最古の名所地誌。市内の様子が活写され、当時を知る資料として価値が高い。

2 東畑謙三の名随筆集『ねずみ色からぼたん鍋まで』

十二支をテーマにした本と言えば、南方熊楠の『十二支考』という、恐るべき博覧強記で書かれた書物が有名だが、東畑謙三にも『ねずみ色からぼたん鍋まで』[*5]という、タイトルからして洒落た干支の本がある。毎年、干支の動物を取り上げて建築業界誌に書かれた新春随筆や新年会でのあいさつをまとめたもの。軽妙洒脱で含蓄があり、飽きさせない。その文章を紹介しながら、東畑謙三という人物のことを考えてみよう。

*5 『ねずみ色からぼたん鍋まで』一九九〇年、リーチ出版。

深く広い知識

最初の章のタイトルは「ねずみ色」。「ねずみは古代より人類と共存してきた動物であるが、美術史、芸術史からみれば、何のとりえもない動物、十二支中の最下位のものであろう」ということで、話題はすぐに「ねずみ色」に移る。これがなかなか「深みのある色」で、藍ねずみ、紅かけねずみ、利休ねずみ、鈍色、柴色、銀ねずみなど豊かな世界が繰り広げられる。

ねずみ色をよく灰色というが、東畑によると、ねずみ色は橡(つるばみ)すなわちどんぐりの汁とその樹皮から作ったもので、艶がある。一方、艶のないのが灰色である。灰色は生物を燃やして出た煤(すす)を集めて墨をつくり、それを薄めたもの。ねずみ色と灰色とはよ

3-8 『ねずみ色からぼたん鍋まで』（1990年）

く似た色であるが、艶のあるなしで決まる、という。灰色の作り方は知っていても、ねずみ色の作り方を心得ている人は少ないのではないだろうか。

卓越した描写力

「猿だんぎ」では二つの傑作絵画が取り上げられている。京都曼殊院の伝毛松（もうしょう）筆の猿図（現在は東京国立博物館所蔵）と大徳寺の牧谿筆の猿鶴図双幅中の猿図である。

前者について、東畑謙三は毛松が中国宋代の伝統的な宮廷画家であること、その時代（一三世紀）の動物画の特徴をよく表したものであることを述べたのち、次のように描写する。

> うずくまった猿は画面一ぱいの構図で毛一本一本を忠実に細い力強き線で画き、それが幾重にも重ね書きして体の量感を現わし墨一色で構成、その一部の顔の部分だけを赤の賦彩でしめくくった構図、その目、口、鼻の細き筆使いや、手足の細き線の躍動した表現振りは世界の動物画中の名品と言えよう。

本にはこの作品のモノクロ写真が添えられているが、東畑謙三の描写がいかに的確で過不足ないものであるか納得させられる。

続いて興味深いことが書かれている。すなわち、近年この猿は日本猿であり、したがって画家は毛松ではなく当時の日本画家ではないかという説があるというのである。しかし、東畑謙三は「名画に接してはハードな論理は無用、ソフトのみが浮き出てくる」と深追いしない。

とはいえ、これについては面白い話が伝わっている。東京国立博物館の解説によると、「毛松の作の伝承は狩野探幽にはじまるものと思われ、その根拠は乏しいものがある。武田信玄より曼殊院覚如に寄進された由緒をもつ」とある。[*6] 実はこの解説では触れられていない、さらに興味深いエピソードがある。この絵を見て即座に「日本猿ですね」と言ったのは、皇太子時代の明仁親王、即ちいまの上皇だったのだ。動物学者たちも日本猿だと認めた。ところが日本猿は大陸には棲まない。「この絵の作者は誰?」と大騒動にな

3-9「猿図」伝毛松 宋(13世紀) 重要文化財

6 東京国立博物館「猿図 附 武田信玄書状七月十九日トアリ」解説。

った。美術界の権威たちが出した結論は、毛松の高名を伝え聞き、日本猿を宋へ送って描いてもらった……。真偽のほどは定かではない。いまこの猿図は重要文化財として東京国立博物館が所蔵している。

東畑謙三は当然このような経緯を知っていたはずだ。普通なら一家言あってしかるべきところだが、東畑謙三はそのような展開を望まなかった。作品のみ見ればよい、と。東畑謙三のおおらかさと言えばよいか。

陶磁器に対する該博な知識

先にも触れたが、東畑謙三は東方文化学院京都研究所の設計以来、中国の陶磁器に魅せられ、専門家顔負けの該博な知識を身につけた。そして「厳しい眼をもつコレクター」として知られた。本書にも随所にそれが示されている。「ねずみ色」の章でその一端が開陳される。

陶磁器では、中国南宋の青磁は有名であるが、これに龍泉窯と郊壇官窯とがある。龍泉窯は青磁色において郊壇はその色調において陶磁界の世界の傑作である。この二つの差は陶土にある。

そのあと、両者の陶土や釉の違い、それによって生じる貫入（ひび割れ）の変化によって「ねずみ土のなす陶磁器色調の傑作」が生まれたことを、陶磁器について何も知らない者にもわかりやすく説いている。このように陶磁器については本書の端々で触れられている。

先ほど見た猿図のように、東畑謙三は陶磁器に限らず、世界中の美術品に対して造詣が深かった。これも枚挙にいとまがないが、たとえば「とら談義」の章では、殷墟の侯家荘墓から発掘された跪座怪獣像（大理石虎首人身立雕）が東洋古代彫刻の傑作として登場する。戦国時代の銅器や古鏡にも有名な虎の模様が多くみられるという。一方、西洋では虎ではなく獅子が獣王であった。エジプトの石刻やペルシャの陶板などに、狩猟文や勇士の相手としての獅子の図案が多くみられる。しかし虎と獅子はすむ場所が違うので闘う場をもたなかった。

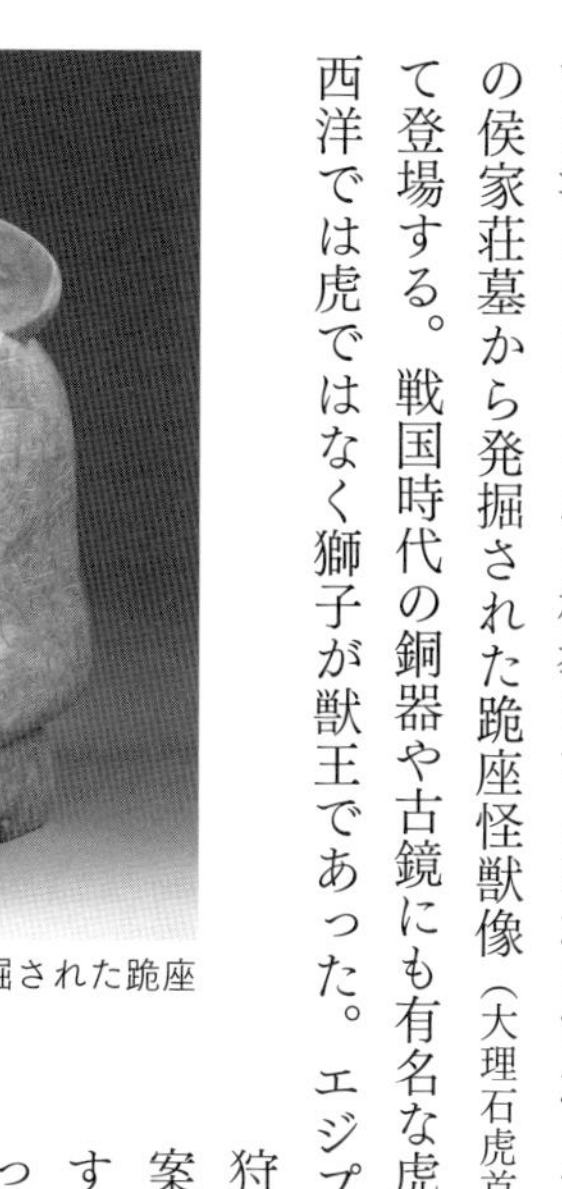

3-10　殷墟の侯家荘墓から発掘された跪座怪獣像（大理石虎首人身立雕）

建築とのつながり

建築の話がしばしば登場するのはいうまでもないが、その登場の仕方がユニークである。たとえば「『子』の年を迎えて」では、このごろ民家にねずみが少なくなった理由として、日本の家の構造が変わったことを指摘する。

従来の日本の民家は、玉石の基礎の上に大引土台をねかし、柱を建て、真壁、羽目板を張って垂直部分を作り、ころがし根太の上に板をはって床を作り、天井は竿縁板ばりとしたもの。日本の気候は高温多湿、これを防ぐには床下の乾燥した冷い空気を壁のすき間を通して天井裏に抜けさせ喚気させる方法で、自然に形式化した日本独特の工法である。

これがねずみとどう関係するのか。

床下と外界とは素通し、中空の壁を通して天井裏にぬけるのはねずみにとっては絶好の上昇通路、天井裏は板張りで多少のだん力性があり、下方の人間様の暖と香りとがそのまま上ってくる。ねずみにとってこんな良い運動場はない。

ところが今日では多くは鉄筋コンクリートのアパートになったため、軽業師のねずみもよりつけない要塞となった、という結論は驚くものではないが、かつての日本家屋の構造の説明は要点を押さえてわかりやすい。

建築とのつながりを意識した記述をもうひとつ。午についての章、「『用』が美を創る」で、サラブレッド種は「約三百年位かかって速く走る様にバイオテクノロジーで改良されたもの」と書いたあと、次の文章が続く。

今世紀の始め建築家オットワグネルがウィーンで合目的性が建築美の基本であると主張してセセッション運動をおこし、これが現在の建築論の基調となった。「用」を重んじた構築が美を創造する。インテリジェントなビルが都市美を創る。サラブレッドの美と相通ずるものがある。

サラブレッドとインテリジェントビル。この連想は建築界に身を置く東畑謙三ならではのものだ。読者はあっけにとられながらも、その連想の飛躍を楽しむことができる。

説明のユニークさ

「卯の耳」では、うさぎの耳がなぜ長いかに触れているが、その説明がおもしろい。

生存競争の盛んな動物界で兎にとって強敵は、地上の動物だけではない。空より来る鷲や鷹は最大の敵である。人類の戦争で空軍が出来たのはつい半世紀位前からであるが、兎には太古から空から襲う猛鳥がいた。これには精巧な情報タッチを必要とす、パラボラより正確なアンテナこれが兎の耳である。

兎の耳が長いのはなぜか、これを読んで誰でも納得するだろう。

「卯の耳」は業界の合同新年会でのあいさつなので、業界へのサービスも忘れない。

動物映画でみる兎の行動は彼のインテリジェント振りがよくわかる。（中略）わが建設業界にも、インテリジェントビルたるものが続出した。（中略）人間の社会にあっては事業の大小にかかわらず確かな情報と、素速き行動が発展の源となる。兎の耳と同じ働きをそなえたインテリジェントビルのたくさん建つことを祝って乾杯の辞とさせて頂きます。

東畑謙三は洒脱な話し手で、時折「にやっ」とした表情で笑ったというが、新年会のあいさつもさぞ喜ばれたことだろう。

強い郷土愛

「私は田舎育ち」という言葉があちこちに登場するが、東畑謙三は出身地三重県に対して強い郷土愛を持っていた。

「伊勢の竹へび」という章がある。新しい年を迎えると、土鈴や張子などその年の干支の民芸品を玄関に並べるのを習慣としているが、十二支の中で最も売れないのが巳=へびだそうだ、という話から始まる。巳年に押入れで民芸品を探したところ、竹製の玩具があった。「伊勢の竹へび」。まず蛇行の運動力学を説明する。

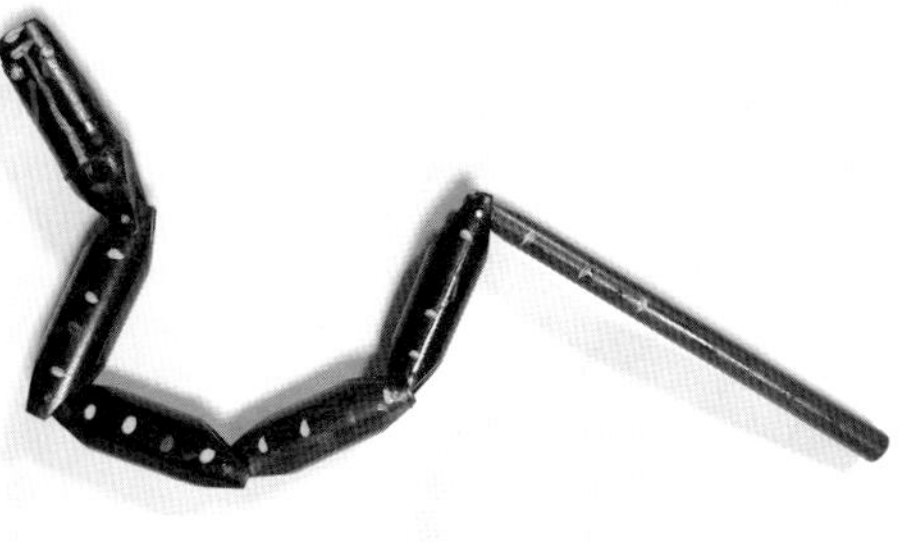

3-11　伊勢の竹へび

体のいずれの断面も同形、足やひれのような何の出張りもない。水や砂ぼこりの上の様な摩擦のないところを進むときはいわゆる蛇行によって身をくねらせ進む。櫂(かい)の作用と同じ方法である。

伊勢の竹へびはこれと同じ運動をするのである。そして、

民芸品は「用」がかなめである。「用」は材料、この方から言えば天然のものが素直でよい、創り方は簡単でやさしいものがよい（柳宗悦民芸論）。また玩具であるが故に軽くて動くものがよい。

伊勢の竹へびをたっぷり紹介したあと、最後に、「伊

勢へび玩具こそ（だるまと並んで）世界の動物民芸品中の傑作」であるという。この断定がほほえましい。

あたたかいユーモアと人間の文明に対する冷やかし

本書では随所で動物の形態や生態について、ユーモアをもって語られている。本書の最後に収められている「亥の年に」を見てみよう。

ここにいたって猪君は怒りだした。（中略）人間さん、余りひどいではないか。第一、姿のことで「猪首」とかいって悪くいうがこの円すい形は草むら等の抵抗物の多いところを馳せ回るに最も良い形。空気抵抗を少なくする流線形を必要とするようなスピードを出さなくともよいからだ。表面の後方へ生えそろった剛毛は、摩擦を少なくするためで、スペースシャトルのタイルのようにはげはしない。鼻の形も穴を掘るのに都合よく、その鼻いきによって土を吹きとばす。最近、噴射式杭打機が出来たそうだが、僕の方が先輩だ。この鼻は前方に何があるかを発見するのに極めて鋭敏、レーダーの役をしている。

また、猪突猛進にひっかけて、人間は目的物を逃がさない巡航ミサイルを開発したが、その理論は僕のほうが先輩だ。ただ人間さんのように同族の殺し合いには使用しないだけだ、と時に人間の文明を冷やかしながら、猪の形態的な特徴や行動がいかに理にかなったものであるかを、あたたかいユーモアを交えて語っている。

最後の締めがまた効いている。

人間は長年猪を飼い慣らして豚なるものを創り、その肉に飽きれば猪と豚を交配してイノブタなるものを創りボタン鍋として賞味している。身勝手もほどほどに。美しい色の薄肉を花弁のように皿に並べて牡丹とは、初めて褒められた僕の姿だが、殺されてからの姿とは残念至極である。

猪、そして動物に対するいささかの同情心とうしろめたさを覚えながら、本書を閉じるのである。

なお、佐野正一によると、東畑謙三は建設通信新聞などに掲載される年頭のあいさつを執筆する際も、正月に建築関係団体合同で行う互礼会で乾杯の音頭をするときの口話でも、周到な下調べを欠かさなかった。ときには自ら専門家を訪ねて綿密な取材を行ったという。[*7] 何事もきわめるまで追求する東畑謙三の面目躍如と言えるだろう。

7 佐野正一、弔辞「幾多の珠玉を世に送って」『待てしばしはない——東畑謙三の光跡』日刊建設通信新聞社、一九九九年、一〇〇頁。

3　日々の暮らし

ところで、家庭での東畑謙三はどうだったのか。ていねいに整理された家族アルバム、一日一行日記、スケジュール帳に描く精緻なスケッチなどからうかがい知ることができる。

本書二〇〇頁の「花瓶と山葡萄のスケッチ」は、亡くなって二五年後に出てきた。元所員が自宅に宝物としてとっておいたものである。

「それらは、自宅宛てに届いた銀行などからの封筒を手で割き、内側の無地の部分にボールペンで描かれている。封筒といい、ボールペンといい、居間のローテーブルにありそうなものである。好物の鶏卵素麺などつまみ、夫人と何気ない会話を交わしながら、ペンを走らせる東畑謙三の姿が浮かぶ」[*8]

晩年になっても、お風呂で口ずさんでいたのは旧制三高の「紅萌ゆる丘の花」。これは寮歌であり、ラグビー部に属していた彼にとって思い入れはひとしおだったに違いない。娘らにからかわれることがあっても、どこ吹く風。

「♪紅もゆる丘の花　狭緑匂ふ岸の色　都の春に嘯けば　月こそ懸れ吉田山」

あの頃のように大声で歌えば、日本の未来を語りあった青春時代がよみがえる。

8　生きた建築ミュージアムフェスティバル大阪2022「東畑謙三への旅」より。

昭和57年　1982

1/1 暮より3日迄快晴　1/4 大阪事務所新年会 104名出席
/27 竹中治氏へ 傘寿内祝品 注文
2/12 見本市見学のため 事務所員四名を欧州へ派遣

3/11 新日鉄南港フローテルハイフ 落成式　全館賃約ずみ
興亜火災京都落成式
/21 孤蓬庵法要　郁生夫妻同行
/23 大阪市消防訓練所、友隣南港センター、姫路中央市場竣工式
/28 高槻病院竣工式
/31 (株)東畑建築事務所代表取締役社長を市川宏に譲り会長に退く
4/10 傘寿記念会 ホリデーイン、社幹部のみ75人出席 博子 道子 素子 郁生
/1 郁生 工学博士の学位を得てドクターコースを終り 東大助手に任命
/21 建保定期検査 全良 変化なし
/27 静岡血液センター竣工式
/30 大阪大学教子主催 傘寿祝 ロイヤルホテル 104名出席
5/1 甲南病院新館竣工式
/7 総合試験所 加古川 開所式
/19 福岡 藤井ビル竣工式
/26 中国建材陶磁視察団 歓迎会 大林廬山
6/1 賀久子 にんじん
/5 京都府立伏見港公園体育館竣工式
/3 オリエントファイナンス 伊豆 竣工式
7/5 博子病床付 長尾春子 → 前田 文たい
/7 市川 韓国銀行竣工式のため ソウルへ出張
/22 下戸 小田原工場竣工式

8/23 松江殿町再開発ビル竣工式

9/3 山中吾郎三回忌 源書庵 一 嵐山吉兆
/3 四郎三回忌記念品 竹中治氏へ注文 白角碗
10/1 郁生夫妻バンクーバーへ出発 B.C.U. Prof. Fenn 教室へ留学
/4 東京 中国絵画展(米国より) 東博にて　一年間の予定
/10 岩井滋急死、膠原病で半年間休養中 昨夜夕食会(12日は吉兆より)
12日阪急百貨店社葬。 ゼンソク 発作 前3分 急性心不全 享年49才
/14 みづの 千里ビル竣工式
/21 四郎三回忌 孤蓬庵 栄子同座で内輪で。特別な人
/6 大阪市東洋陶磁館 (…) には 竹中治作 角碗 50個を
/9 用美書画会(近鉄)会 第一回を福井で開く
11/16 ロータリー 60周年記念家族会 ロイヤルホテル

12/2 住宅整備公団 川越、東武ストア 開館式
/14 建築団体合同忘年会 大阪国
/21 伊藤和夫夫人 孝子氏死去 22日葬儀 自宅で

1/26 ロッキード裁判 全日空関係 若狭に懲役3年 執行猶予5年
2/6 ホテル・ニュージャパンで火災 外人を含む33人死亡 外人の寝たばこ
/9 日航機羽田沖に墜落 片桐機長の精神分裂病 22名死亡
/18 中国孤児一行帰国 60人中42人肉親判明
3/21 北海道浦河沖でM7.3地震
/23 東京で金取引所オープン
4/1 500円硬貨発行　4/1 土地公示価格公表 7.4%
/2 フォークランドをアルゼンチンが占領　4/25 イスラエル シナイ半島返還
/5 57年度予算成立 48兆6808億　4/30 56年度失業人127万 米は10%
5/2 日本の人口 11,788万と発表
/24 イラン・イラク戦争でイラン軍反攻開始 イラク領内に侵入
6/14 フォークランドに英軍上陸 アルゼンチン軍降伏
/6 レバノン戦争 イスラエル軍が攻撃 PLO ベイルートを撤退
/21 ダイアナ英皇太子妃 王子出産
/22 I.B.M.スパイ事件 米のおとり捜査で発覚
/23 東北新幹線開業
7/21 世界剣道選手権で藤田(まきだ)が優勝
/23 九州北部に集中豪雨、長崎市被害甚大
/26 教科書検定問題で中国、韓国が抗議
/31 共産党委員長に不破哲三氏選出
8/2 台風10号本州中部横断
/20 甲子園大会で徳島県の池田高が優勝
/28 三越事件 岡田社長解任 竹久みち問題
9/3 技術試験衛星「きく4号」打上げ成功
/12 台風18号東日本縦断
/16 政府 財政の非常事態を宣言
/17 サッチャー英首相来日
/26 鈴木首相中国訪問
/27 京都桂離宮修理完成
10/1 西ドイツ シュミット首相不信任案可決
/8 筑波科学博起工式
/9 夕張炭鉱再興ならず閉山
/12 鈴木首相退陣表明
/30 プロ野球で西武が中日を破り日本一
11/1 大阪府警とばく遊技機事件発覚
/4 1ドル=278円75銭 最安値
/10 ブレジネフソ連死去 アンドロポフ後任
/11 スペースシャトル コロンビア 四回目成功　11/30 山田寺跡で日本の木造建築最古の発見
/15 上越新幹線開業　11/24 秋木工業(最大合板業)倒産
/27 臨時国会で中曽根内閣成立
12/7 東証ダウ 8027円 史上最高　/13 北イエメンで大地震死者500人
/23 金大中氏米国入
/30 58年度予算政府案決定 50兆3796億

3-12　1日1行日記を後に書き写したもの

3-13　東畑謙三の花瓶と山葡萄のスケッチ

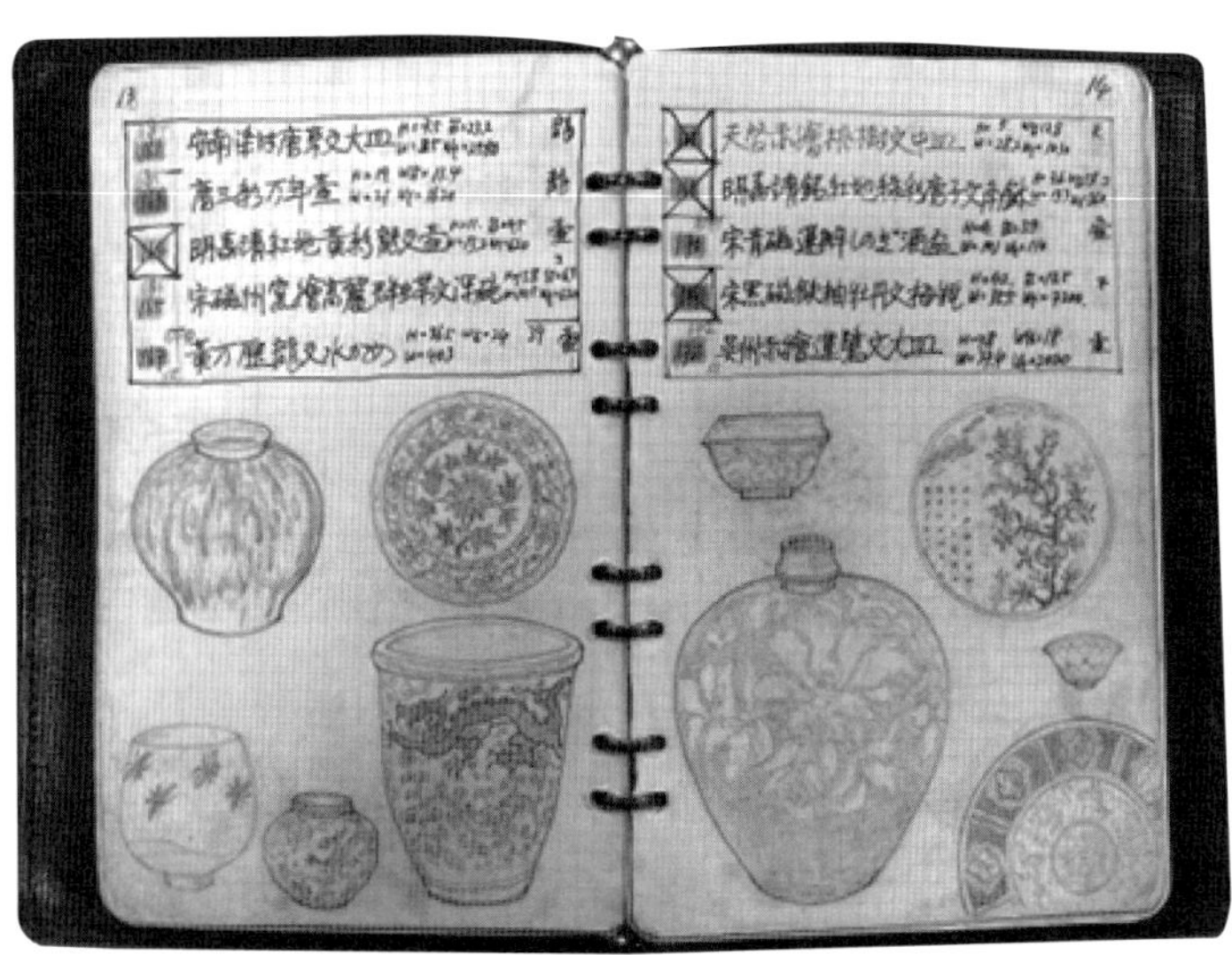

3-14　スケジュール帳に描かれた記録（175頁参照）

旅立つときに棺に入れたものは、愛用の帽子と眼鏡、筆記用具と三角スケール。そして、「三高寮歌歌集」だった。

規則正しい生活

八〇歳を過ぎても若々しく、庭仕事で足を痛めても、車通勤にたよらなかったのは日々の習慣を大切にしていたからだ。

謙三の日常生活はこうだ。神戸の住吉山手に住み、坂を下るのに一〇分。出勤は本社の大阪市中央区伏見町まで電車で阪急・地下鉄・事務所など一九二段の階段を上り下り。毎日これを往復だから、一二階建ての階段を上って下りるのに相当する。

隣居で育った孫の東畑郁生はこう振り返る。

「夫婦仲が良かったのか、それとも夫人を心配させてはいけないという思いからか、どんなことがあっても午後七時には帰宅して夕食をとっていた」

そうなると、六時までには退社せねばならず、おのずと時間管理にきびしくなり、驚異的な集中力を発揮した。

お酒、ゴルフはやらず、休日はもっぱら庭で花づくり。春は牡丹、夏の蓮、秋の菊、冬の洋蘭と本格的である。健康の秘訣はと聞かれ「花づくりはからだの体操、古書をあさるのは頭の体操」と答えている。いくつになっても「バナナは高級品」で、入社式後の昼食会では鯛の尾頭付きにバナナが一本添えてあったようだ。出張先では機嫌がよく、好んでカレーライスを食べた。

好物は、鶴屋八幡の「鶏卵素麵」とうなぎの蒲焼。家族一緒にでかけたのは、阪急三宮駅のガード下にあった老舗のうなぎ屋「竹葉亭」。うなぎばかりでなく、ご飯そのものがおいしく、食後のメロンも絶品だったようだ。

お酒は新年に高級ワインを開ける程度。教え子の学生たちが自邸を訪れると、気前よく「すき焼き」をふるまった。

メタボが気になりだしてからは、自宅の庭を重たい足どりでランニング。庭仕事のあと、靴のまま家に上がりこむことがあり、家族を「ぎょっ」とさせた。これには理由があったようで、かがんで靴紐を結ぶことが辛くなるほどの「ぽっこりお腹」だった。ただし、本人はいたって健康。入院歴は会社の階段を踏み外して転落した一度きりである。

身内には心を許したが、多少具合が悪くても、社外ではしゃきっと振る舞っていたらしい。

禅に興味

人の縁は不思議なものだ。のちに義父となる岩井勝次郎が謙三をひとめ見て、「この男、大会社をまかせられるすごいやつかもしれない」と感じた。若くして、泰然自若としたところがあったのだろう。義父が所有する御影の邸宅の敷地内に新居を構えたことから、さまざまな面で影響を受けた。

勝次郎は、かねてから住友の別子銅山における大紛争を解決した伊庭貞剛（いばていごう）[9]の器量の大きさに惹かれていた。その根底に禅があることを知り、座禅にのめりこんでいく。

「私も禅というものに興味をもっておりました。それで親父さんのお伴をして、さかんに禅に通った」。

自分を律し、心を無にしてひたすら座り続ける座禅――。禅道場に通ううちに顔見知りになったのが、進来（すずき）要。当時、八幡製鉄所の建設担当技術グループの総大将だったことから、その縁で製鉄所に出入りできるようになった。日刊建設通信のインタビュー[10]では、「日鉄をやることになったそもそものはじまりは、これまた親父さんのおかげ」と語っている。

戦中の一日一行日記

仕事を離れても、東畑謙三はその時々を刻む「何か」を残している。年ごとに整理されたアルバムには、九州のハネムーンや妻との世界一周旅行、子どもの誕生をよろこぶ家族写真が収められている。それが一転、色彩のない生活に。

不穏な空気が漂い始めた昭和一六年（一九四一）。一二月八日未明、日本軍はハワイの真珠湾を攻撃し、太平洋戦争に突入した。

謙三は海軍の仕事に従事し、舞鶴海軍基地、佐世保の鹿屋航空基地などの兵舎や病

9　本書四五頁注19参照。
10　『日刊建設通信』一九八二年一一月二九日。

院、格納庫、倉庫など短納期の仕事を次々こなしていく。戦時中の徴兵制度で設計事務所は慢性的な人手不足になった。そのため、日本の建築学校を卒業した大阪に住む朝鮮の人たちや、建築を志している女性を登用し、鉄骨や木造の構造図を描いてもらうことで難局をのりきった。

戦禍が広がるなか、日記も一行書くのがやっとの日々を綴っている。

戦争末期の記録　昭和一九年（一九四四年）

五月二三日：米配給 一合八勺時代

九月一日：〝爽涼の秋と言いたいが戦局急。ドイツの西部戦線急迫をつぐ〟

九月五日：〝欧州西部戦線崩壊の兆あり〟

九月一〇日：〝住吉縄手の畑の芋を掘る。八坪で一五貫。去る七月一八日サイパン玉砕を期に禁煙せるためか食欲勃然たり、米不足、芋めづらし〟

昭和二〇年に入り、とうとう恐れていた神戸大空襲が始まる。静かなはずの住宅地にまでB29爆撃機が飛来するようになる。五月一一日、異国の城のような岩井邸は恰好の標的となり爆撃を受ける。同時に、隣の東畑宅も破壊された。

昭和二〇年夏、庭先きに弾がおちて家は吹き飛び目もあてられない状態。

17

英夫君熱を出す。平坂氏をわづらはし二人で防空濠を掘る。硬くて掘れず。
つかれて8時半に寝る

7/25 水晴 気味悪い位涼し。稲作も例年と頭痛のたね。食糧は一割減の配給で
2合1勺5才。それも米8勺他は馬鈴薯とひえ。たばこは一日三本となる。
今日も亦艦上機頻襲。神足駅近くを攻撃。

7/26 木晴 全く秋の空。月がいやに澄む。7/27 金 快晴はつづくが暑さ来たらず

7/28 土晴 小型機来襲。濠松を艦砲射撃す 7/29 日快晴 暑くなって夏来たる

7/30 月快晴 朝から小型機頻襲 うるさい。終日壕の中で読書。支那の古事を想う。

7/31 火晴 今日は不思議に来襲なし。京大へ戦時技術員の講義の件。帰路河
原町、三条通を歩く。京都は未だ物がある。大工道具と釘等を買う。

8/1 水晴 伊東和夫君より来信。去る6月4日香櫨園の自宅へ焼夷弾落下二階半焼
附近一面焼野原。続いて6日次男を大阪市役所へ使いに出して
焼夷弾の至近弾をあび即死。全行の野田君も火傷。目下療養中
との事。身辺におこった最大の惨事。二ヶ月も知らざる程度のお互の音信。
渡辺氏に自転車の中古品を世話してもらう。後タイヤは900。一やすし。
伊セ 博子より来信。主食欠乏の心配を言う。

8/2 木晴 空襲なきを幸か急に思い立って伊勢へ。伊勢には中野精一一家あり
津は25日大爆撃にあい、死傷3000人と称す。小島一家も全滅。
前に疎開のための話のあった家も直撃弾で吹きとんだ由。つづいて
30日焼夷弾で全市ほとんど焼け燼となった由。井上も一部
疎開。非常にうろたえて釜生田に養蚕室の二室を借りることにした。

8/4 土雨 伊セは毎日雨 涼くてつゆの再来。稲作わるし。いよいよ家をさがすべく
助役に相談 三軒候補の家あり。依頼す

8/5 日雨 降ったりやんだりの天気 涼しいが時局と共に鬱陶しい

8/6 月小雨 朝助役の来訪あり。多賀作次郎氏の隠居を貸してもよいとの事。早速
博子と二人で案内。20坪位都会風に出来ている。わらさもつかむ想い。

8/7 火晴 朝雨が多賀作次を訪ねる。旅一家4人と相すまいならとの事
天気は今日より晴れて暑し。去る5日広島に落ちたのは新型爆弾で
相当の損害ありと放送す。

8/8 水晴 午前中富永栄吉君親子をわづらはし荷物二車分を島田へはこぶ
差しあたり6畳二間なり。谷口定吉君を訪ね井上の防空濠と島田の
便所の新築をたのむ。

8/9 木晴 疎開の家の事も話がついたので早びるをすませ長岡へ帰る。留守中の
来信の用件の整理。防衛召集特命者令状あり御影役場
へ出頭せよとの事。ソ聯宣戦を布告す。ますます悪し。

8/10 金晴 暑し。夜半空襲あり。尼ヶ崎方面なり。
御影町役場へ出頭 転去後なので防衛召集はその夫、
聯隊区司令官へ返却の旨話さる。
広島の新型爆弾は猛威力のもので熱線を使用一里四方
一物もなし。万事休す。原子爆弾なり

11.

8/11 土晴 長岡もいよいよ防空濠を掘る事にきめ具体的計画にとりかかる。
原子爆弾と日ソ開戦とで万事休し。市井に和平の声あり。内閣が
変るらしい

8/12 日晴 終日警報なし。これで三日目。ラジオの放送も積極的ならず。
ソ聯の攻撃についても余り発表せず。上層部に何かあるらしき形勢なり。
或いは急転直下か。毎日の晴天続きで稲作は平年並にこぎ
つけるらしい旨放送さる。

昭和59年8月1日追記……日誌は8/12迄記録されてある。追想すると8月10日
前後に平野岩井邸に岩井ニューヨーク店より送り返された荷物の中にラヂオあり。それを
調整してあるうちに女性のはっきりした日本語の放送聞こえる。「米軍引きつづき日本各地
を爆撃するも迎撃するもの一機もなし。日本軍の降伏は時間の問題と」
戦局のなりゆきをひそかに識った。8/13 軍需省総務課、軍需管理官錦田
直一氏（京大畜昭九卒）来庭。生野銀山の鉱道を地下工場にしたいので
全行されたしとの事。8/15 早朝出発福知山駅で正午天皇の重大放送を
聞く。雑音多く聞きにくかったが、ポツダム宣言受諾・全面降伏の
お言葉であった。何故かやれやれという気になり引き返したのをおぼえてある。

3-15　戦中の１日１行日記と米軍機の爆撃を受けた周辺を描いた地図

運強く、我身は防空壕

被害状況については、自作のスケッチによって克明に記されている。

終戦間近の昭和二〇年五月に伊勢に転居を決意。

いまなお海軍特攻隊の面影が残る鹿児島・串良基地。出撃を控えた特攻隊員を目に、謙三が複雑な気持ちを抱いたのは想像に難しくない。地下格納庫の設計を手がける途中で終戦を迎える。

「戦時中の記録は、書き留めておかねばならない――」そんな思いから、日記には後日の追記がある。

昭和五九年（一九八四年）八月一日追記
八月一〇日ごろ：岩井家からアメリカ製ラジオ入手。調整していると、女性のはっきりした日本語放送を聴取。「米軍引きつづき日本各地を爆撃するも迎撃するもの一機もなし。日本軍の降伏は時間の問題」と。戦局のなりゆきをひそかに識った。
八月一五日：早朝出発。正午に福知山駅で玉音放送を聞く。雑音多く聞きにくかったが、ポツダム宣言受諾。全面降伏のお言葉であった。何だかやれやれという気になり、引き返したのを覚えている。

えていたからに他ならない。戦後、建築事務所の仕事がいち早く軌道にのったのは、世の中の動きを冷静にとら

謙三と家族

「待てしばしはない」とばかりに仕事に没頭した謙三。一方で家族と共に過ごす時間も大切にした。

3-16　東畑謙三と家族

妻の博子は、大企業人の家に生まれたお嬢様で敬虔なクリスチャン。温室での蘭栽培や日本画を描くことを趣味にしていた。親友は、博子の学び舎であった甲南学園の創設者・平生釟三郎の娘で、結婚してからも行き来していた。

博子は夫の帰宅が少しでも遅いとそわそわする心配性な面があったが、娘二人はそんな母にやさしく寄り添っていた。謙三も妻に余計な心配をかけま

いと、月一回の東京出張も用件のみでまっすぐ帰宅。「麻雀は不良の遊びだから、やってはいけません」と妻に言われれば、仕事の接待であっても、その言葉に従った。

自宅は平屋の木造家屋。気密性はそう高くもなさそうだが、「窓や雨戸を閉め切ってはイカン」が謙三の口癖で、換気に目を配った。

長女・道子の証言によると、部屋の扉をしめきって寝る娘たちのため、わざわざ五センチほど戸を開くために見回りをするのが常だった。また、家族の帰りが遅くなると、御影の駅まで迎えにいくやさしい父の顔もあったようだ。

3-17　東畑謙三設計のカトリック住吉教会旧聖堂

自らは仏教徒であるが、妻の信仰を敬い、カトリック小倉教会やカトリック住吉教会の設計を奉仕する。これらの働きによって、後年、ローマカトリック教会より表彰を受けている。

植物にそそぐ愛情

「植物の良いことは素直であること、世話のしがいがあることである。（中略）彼等にはデリケートな意志がある。ただ、ものを言わないだけだ」[*3]と語っていた謙三。

伊勢の農家の出身で、草木にそそぐ愛情には並々ならぬものがあった。生家にあった槙垣を自分たちの家の周りに植え、戦後すぐから園芸をはじめた。

野菜やイチゴなどが植えられた庭と、鶏の鳴き声が聞こえる一軒家は、社長の邸宅

3-18（上）
1948年に建てられた自宅
台風で倒れた弓弦羽神社の松を入手して活用した。
3-19（中）
自ら手入れした花のそばで
3-20（下）
アルゼンチンの楓樹「レッドガム」

といったイメージからはほど遠い素朴な佇まいである。

空爆で根本のみが助かったアルゼンチンの楓樹「レッドガム」の若芽を大切に育て、道行く人が見上げるほどの大樹に成長させている。

「庭仕事は瞑想である」と、文豪ヘルマン・ヘッセは記している。土に触れ、種をまき、自らの手を動かす。植物の命としずかに向き合う庭仕事は、確かに瞑想のようで謙三も似た心境だったのかもしれない。

大工の長屋住いというか、私の家は平家で建坪百平米位の小屋。それでも老人夫婦には広すぎる。ただ私には少年時代から住むには〝大樹の下で〟という野心があった。老境になっても同じ、死ぬなら大樹の下でと変っただけ。家は小さい方がよい。木は大きい方がよい。これが一生を通じての心境である。

こう書き記しているとおり、謙三は大樹の下で見事に理想の人生をまっとうした。満九六歳の大往生である。

4 東畑謙三先生は線が違う

青柳清孝氏（ギャラリー・プチフォルム）インタビュー

雑味のない線

――「生きた建築ミュージアムフェスティバル大阪（通称イケフェス大阪）」という大阪の建築イベントがあります。去年のイケフェス大阪のとき、高麗橋通に並んでいる設計事務所の創始者の卒業設計を展示しようという共同企画があり、そのときに青柳さんとたまたまお会いして話をしていると、「東畑謙三先生は線が違う」とおっしゃいました。

僕は建築の専門のことはわかりませんが、久しぶりにこの図面（東畑謙三の卒業設計「十和田国立公園の建設設備」、本書二八・二九頁に掲載）を見て、線がとても誠実で明快で的確で、雑味、俗臭がないと感じました。どんな線でもちょっと雑味を感じたりするものなのです。線を引いた人の意図や工夫などがあればあるほど、そういう余分なものが感じられるのですが、この線を引かれたとき、二二歳くらいで、若いからあふれんばかりの意欲などがあるはずなんだけど、雑味がないんです。最初は線にそれを感じたのですが、ちょっと引いて図面全体を見たら、図の配置や文字の書き方などにも共通するものを感じるのです。いろいろな思いや感じているることをすべて胸の内に収めて、それをよく考慮し整理して、必要なことだけが表されている。そこが僕が最初に見たときに感じた魅力だったと思います。

今回、改めてこの図面を見ていたら、図面の中の空気を感じるんです。それは作図した人の精神と言うと大げさですけど、心の内の空間であり、その空間を満たしている光なのです。その明澄性、明るく澄んだ誠実性です。

以前は漠然と全体の構成と線を見ていただけですが、今回、ここに東畑先生の文章があることに気付いて読んでみると、先生ご自身が求めたことがみな書かれていました。社会人として出発するにあたっての思いや願いみたいなものが、この計画の中にちゃんと的確に、必要にして十分、節度を保って記されているのです。これってなんだろうとまた思うわけです。才能というようなものではない。あえて言うなら、天賦の徳性という言葉がふさわしいと思いました。

ただ純粋で誠実で正直なだけではないですね。人間的にはうんと幅があってさまざまな思いがあるはずなのですが、そういうものを内に含みつつ、よく考慮して、必要なこと以外表さないというのは、建築をなさる方だからかもしれません。

――建築は個性化の一つということで、自分の意識で創れると思われている。でも、必ずそこにブレが生じる。見てもらう人をどう意識するか、そこの間には無数のバリエーションがあるんです。東畑は、自分がこうしたいということではなくて、世の中に美しさを問うという感覚があったのではないかと思います。

この図面は均整がとれていて、美しいではないですか。何か理想的なものを感じます。

――東畑謙三は一〇人いたら八人か九人が良いと思われるものを作りたいと考えていたと思います。

普遍的なものですね。東畑先生のことはいろいろお聞きしていましたが、直接お会いしてお話をうかがったことはありません。どんな人だったんでしょうか。みんな怖かったとおっしゃいますが（笑）。

――怒られるというようなことではなく、畏怖だと思います。普通の人には見えないものが見えている人だったので、何を考えているのかわからない。ということは、何をもって怒られるのかわからない（笑）。薫陶を受けた先輩諸氏に話を聞くと、そういうところがあるのではないかと思います。

自然美に近い美

――東畑謙三に通じるような明澄性を持った作家はいますか。

現代のものより、古典的なものに共通するものを感じます。仏像彫刻などにもそういうものがあります。近代や現代は個人の感情表出が強く、個性的でそれまでなかったようなものが多いけれど、古典の時代はそうではありませんね。普遍的で美しいものを求めている。そういうものが美術の中にはたくさんあると思います。それは自然美にも近いのです。世の中には人間ではとても作り出せないような、人間味を超越しているような美しいものがあるんですね。そういうものに共通する美しさは、いろいろな国の古いものの中にあると思います。

――東畑謙三は清林文庫をつくった。「清林」というのは清風竹林から来ています。竹林の中に清らかな風が吹いている、そういう自然の姿がイメージされています。大草原の青空にぽっかりと白い雲が浮かんでいるような風情が好きなんだと書いているんです。

それはとても大切なことで、人が作り出したものではかなわない。人間が作り出した美は、単体で見るとかっこよくてきれいなんですが、たくさん集めて並べてみると醜悪なんです。自動車ってグッドデザインのものばかりでしょう。でも、あれをいっぱい並べると違ってくる。建築もそうです。一つ一つの建築は優れたデザインできれいですが、それをいっぱい並べた梅田や東京の街を遠くから見ると、どうでしょう？　人間が作ったものはそういうものなんです。

ところが、例えば木の葉っぱは一枚見てもきれいですし、顕微鏡で見てもきれいです。一本の木になってもきれいです。林になっても森になっても山になっても美しい。紅葉したら色はバラバラなのに全体が美しい。そこには人間にはかなわないものがあると思います。でもいま人間は人間が作り出したモノの中で、ある意味では満足したり、満足できず過剰に求めたりして争っています。世界各地の紛争で、そのような人間の本性があらわになっています。

一方で、自然はそんな人間社会をよそに自然のいとなみをくりかえしています。夏のあいだ青々と生い茂っていた草も木も冬には枯れて、春になればまた芽吹く。東畑先生が好きだとおっしゃるぽっかり浮かんだ白い雲は、本当は誰でも知っていて、頑張って作らなくても昔から私たちの周りにちゃんとある。そういうものですね。それを大切にしたらいいわけで、古今の美しい芸術表現にもそれに通じるものがあります。

青柳清孝氏

建築家ではなく技師

そういう方は自分が何かをつくり出すというような小さな観点にとらわれていませんね。だから素晴らしいんでしょうね。現代の芸術の分野には、自分、自分、自分と、自己愛が強く、自己中心的な人が多いのですが、東畑謙三さんはそういう方ではありませんね。

建物に入ると、居心地が良いか悪いかで、つくった人の内面を感じることができます。理屈はわからないけれど、そういう幸せな気分になれる空間をつくれる人は良い建築家なんじゃないのかな。すごいと言われる建築の中に入って居心地が悪いという経験をする人は多いと思います。そういう建築家が代表的な建築家として有名になったりしてるわけでしょう。東畑先生は決してそんな建築は作らないだろうなと思います。

――そこが今回の本の最大のポイントです。東畑謙三は自分は建築家とは絶対言わない。一介の技師に過ぎませんと言っていました。

なるほどね。近頃は絵を描いている人たちが自分のことをアーティストと言うんです。六〇代以下二〇代の人に多いです。画家あるいはアーティストなどと自ら名乗るものではないと思うのですが。

――東畑は、「建築家」というのは他人が言うことで、自分が名乗るものではないとはっきり言っています。

建築家という言葉は職業の範疇に入るんでしょうか。

――職業としては建築士ですね。一級建築士とか。

一級建築士は国家試験による資格ですよね。画家には国家資格はありません。だからみんな画家と名乗れるんでしょうね（笑）。普通は誰かのために働くのが仕事です。絵を描くことも、農作物を作ったり建物をつくる仕事のように、人の求めに応じ、人の幸福に貢献する利他的な意識に立てば、より実り豊かないとなみになるでしょうね。

建築も絵画も昔はパトロネージだった

仏像彫刻の仏師たちは利他かもしれませんが、それで食べているから利己でもあるわけです。人のすることはすべて利己は抜けない。自己愛とか利己心というものなしで生きることはできない。だから、自己愛や利己心がしっかりあって、むしろそれが大きければ大きいほどその人の他者への愛や利他の心も大きいのかもしれない。利己心を包んでいる利他の果肉が厚いのではないでしょうか。

それから、仏師の人たちはグループで仕事をしていたと思います。奈良時代とか平安時代のあんな大仕事は個人ではできないですからね。

——だいたい注文制作ですね。建築も絵画も昔はパトロネージだった。そのシステムがなくなると職業として成り立たなくなってきます。

注文を受けて描いた絵は売れますが、そうでない絵が売れないのは至極当然で、職業として成り立たなくても何の不思議もありません。でも、そんな絵が売れることがある。それが不思議ですし、素敵なんです。

——東畑謙三は、依頼された建物に対して組織で応えないと喜んでもらえないということで組織化していきました。だから利潤のためではないんですね。いかに喜んでもらえるか、いかに問題がないものを作るかということで技術者の集団をつくっていく。

それは慶派、狩野派などの芸術家集団、技能者集団と似ていませんか？

生きた線

東畑先生が引いた肉筆の線と別の方が引いた肉筆の線は、同じ設計の直線でも違うんです。芸術表現にはその違いが必要です。東畑先生の線は生きた線なんです。設計の線だから、定規でシュッと引けば誰でも同じはずなんだけど、違うんですね。

——私も手書きの時代に生きたからよくわかる。図面がうまいか下手かはまず線が違います。

清潔な線。シュッと線を引いても清潔感の漂う線と、何かもっちゃりとした線があるんです。これは決定的な違いです。

いまＣＡＤやパソコンで線を引くでしょう。そうしたら、こういう美しい線がなくなる。

——かつては東畑建築事務所に伝説的に線のきれいな人がおられました。

高潔な人格が一本の線に出ているような設計図は建築界の宝ですよ。人の声も同じです。人格のないＡＩの「声」は人の声にとってかわることはできません。私たちの声は一人ひとりみな違います。すぐれた歌手の声ともなれば、歌い出しの最初のフレーズを聞いた瞬間に誰の声かわかるだけでなく、聴く人を感動させます。これは素晴らしいことではないですか。ＡＩの声は便利なツールではあるけれど誰の声でもない。記号以上の意味を持てるでしょうか？

――ただ、その差がなくなったぶん良いこともあるかもしれません。線のきれいさだけでは建築はできませんから。

それはそうですね。でも、ＣＡＤやＡＩのようなもので設計図を作っていったら、全部組み立て式になってしまいませんか？　経済的で、強度のある建築材を組み合わせたら建物が出来上がっていく。それは合理的ではあるけれど味気ない。

東畑先生のこの図面を見て思うのは、人が表現するものにはその人のすべてが出るということです。見る人にはそれを感じとってほしい。だけど、それを見て感じるには経験とか学習とかが必要なんでしょうね。

――東畑謙三も言っています。勉強しなさい、勉強しないと審美眼を持てない。裏付けがあってこそ本来の美しさがわかると。

この図面は二二歳にしてはバランスがすごく良くて落ち着いています。余分なものがない。どういうことでしょう。

――やっぱり何かが違うんですね。学生時代にドイツ語の翻訳をするんです。それが『建築学研究』という雑誌に掲載されている。その雑誌のあとがきも書いたりしています。

すごいですね。

賜物のような美しさ

――ところで、東畑謙三はルオーが好きでした。

ルオーは宗教的な絵をいっぱい描いているんです。風景画でも、信仰者の上にふりそそぐ天からの光が描かれています。

人工的な、人間の意図的な表現ではない、恩寵のような光です。東畑先生はそういう人間の意図や考え、目論見を超えたものを感じられる方ではなかったかと思います。大切にされた陶磁器などにも、人が工夫して作り上げた造形美ではない、どうしてこういうものができたんだろうと思うような賜物のような美しさがあります。人の工夫だけで出来上がるようなものではない。そのようなものを好まれた方ではないかと思います。ルオーの絵にもそういう光をご覧になったのではないでしょうか。

――人間の作為的なところが見えると嫌だったのかもしれません。

それを超えたものですね。描いてる人がそれを願っているから、そっちのほうに行く。それを願わない人は、自分の個性を表現するとか、独創的なものを作り出すとか、美術史の流れの中で意味のある表現を問うとか言うのかもしれませんが、そういったことではないんですね。まず感じることです。それは、自然の中で美しさに打たれたときなどに誰でも経験しているんです。夏の夕暮れの空がなんて美しく変わっていくか。それは人間には作り出せません。

――東畑謙三は家で花を育てていました。きれいな花が咲いたらよく事務所に持ってきて、受付に飾っていた。植物に対してもとても熱心なんです。

いまどき会社にちゃんと花を生けているところは少なくて、生けているところも花屋さんに任せている。でも時には、応接室の趣味の良い花器に花を生けている会社があります。どなたがなさるのか尋ねてみると、たいていは会長とか相談役とか、その会社のいちばん偉い方だったりするのです。東畑さんのところのように大勢の社員がいる会社を経営されながら、よく花を育てられる心のゆとりや時間があるなと思います。

――一日一日の折り目の正しさを感じます。

そこがすごいと思うんです。だからくだらないことをしている暇はないでしょうね。たぶんきちんと節制して、朝は六時に起きて、ちゃんと一日の時間配分をして、土日はこうして過ごすと決まっている。

――毎日電車で通勤していて、通勤途上の階段の段数を数えていたそうです。

昔の偉い人はそういう方が多いですよ。

――背筋がピンと伸びて矍鑠(かくしゃく)とされている。

そういう人は怖いですね。ああいう人たちの真似はしたくてもできないけれども、忘れないようにしたい。自分が何かをするときに、その人に見られて恥ずかしくないようにしなければ、と思うことは大事ですね。

――今日は貴重なお話をありがとうございました。

(聞き手：中村文紀)

青柳清孝(あおやぎ・きよたか)

一九四九年生まれ。一九七二年、株式会社大阪フォルム画廊入社。

一九七六年、株式会社ギャラリー・プチフォルム設立、代表取締役。

二〇一一年、日本現代版画商協同組合理事長、二〇一五年より顧問。

第4章

受け継がれる「価値」

ダイアローグ
4

「清風竹林に在り」って?

東畑　ちょっとおしゃべりが過ぎましたかね。おや、すっかり陽が傾いてきてしまった。

西野　建築技師という仕事が、素晴らしいことはよくわかりました。でも、そんな崇高な仕事、私にできるでしょうか?

東畑　向いていると思いますね、私は。ひとに寄り添う仕事にもっとも必要なのは、健康なこころです。ひとの幸福を願い、喜ばれて、それが自らの幸福だと思えるこころさえあれば、素養は十分です。私は、あなたとの対話を大いに楽しみました。

西野　わたしも、なんだかすごく楽しかったです。

東畑　話が少しそれますが、「清風竹林に在り(せいふうちくりんにあり)」って言葉、知っていますか?

西野　せいふうちくりんにあり……。いえ、知りません。

東畑　これは禅の言葉です。清らかな風が、静かな竹林のなかを渡っていく。想像しただけで気持ちいいでしょう？　そんな気持ちで毎日を送ることが、人間の幸せの本質だと私は思う。そのためには、何をすればいいだろうね。

西野　おいしいピザを食べて、友達と楽しくおしゃべりして、ぐっすり眠ることかな、わたしなら。

東畑　それもいいね。でも、もっと心の底から清風竹林の気分になるときがあると思うんです。

西野　設計演習で褒められるとか、かなあ。……でもそれはちょっと、ちがうかな。

東畑　もっと、こころが軽くなるような思い、といってもいいかもしれない。私は、「ありがとう」と言われたとき、こころのなかに清らかな風が吹くような思いになります。つまり、ひとに喜ばれることをしたとき。設計させていただいた建物が竣工して、依頼主から握手を求められたなんてまさに。

西野　清らかな風が吹くような思い……。まだ想像つきません。

東畑　もっと身近なことでもたくさんあります。いつもより早く帰宅して、妻が笑顔になってるときとかね。その笑顔を見ると私もうれしくなる。

西野 ああ、それなら私も経験あります。風邪で休んでいた友達のために、講義の要点メモをとって渡してあげたら、すごく感謝された。そのときの笑顔、うれしかったな。いまも覚えています。

東畑 そういうことです。建築技師は、ひとに寄り添い、ひとに喜ばれることを目指します。そして、自らも清風竹林の気持ちになる。そのために、勉強して、考えて、図面をひく。あらゆることに必死で取り組むんです。素晴らしい職業だと私は思いますね。

西野 わたし、自分の気持ちもわかってなかったんだって、話していて気づきました。コロナ禍があったり、地震が起きたりする度に、日々の暮らしって当たり前のものじゃないと気付くんです。それでも、少し時間がたつと忘れてしまいます。

東畑 もちろん忘れることも大事です。合評会の発表者に選ばれなかったこと、おもしろくないと言われたことは忘れたほうがいいね。今日は雨でも、明日は晴れる。要は、一日一日を意識して生きることです。

西野 ぐっすり寝て、さっぱり忘れます。(笑)

東畑 くれぐれも今日の会話は忘れないようにね。(笑)これからいっそう、社会は複雑になっていくでしょう。そうなればなるほど、ひ

とに喜ばれ、社会の平穏に寄与する「建築技師」が、ますます必要とされると思います。ぜひ頑張ってください！

西野 わたし、そんなにプレッシャー受けても、全然自信がないです……。

東畑 大丈夫。そんなときは勉強しなさい。勉強して得た技術が、あなたに自信をくれるでしょう。自らの術を上げずして、とやかく言ってはいけません。

西野 はい、背筋が伸びる思いです！

1　二〇二三年のある日

ガラスのトップライトから落ちる光が内部にあふれている。晴天の日には屋内照明は必要ないほどに明るい工場の空間がそこにあった。スマートな鉄骨柱が規則的に配され、整然と並んだ製造設備が静かに音をたてて稼働している。いまでは省力化が進み、ほとんど人影を見ることはないが、かつてはここに多くの女性工員たちが配置され、紡績のそれぞれの工程の作業にいそしんでいたはずだ。その彼女たちにとって、工場全体に降り注ぐ明るい自然光は、作業の正確さと効率を高めるとともに、内部の清潔を保ち、心身の安定と健康をもたらすものであったに違いないと想像する。

工場に隣接する、かつて食堂であった場所に移動してみる。勾配屋根の架かる特徴的な建築の内部は、美しく納められたラチス構造の柱・梁架構によって支えられた八メートルもの天井高をもつ広々とした空間だ。効率を重視した工場空間とは一転し、過剰なほどのゆとりをもった伸びやかな空間がしつらえられている。時間や行動を厳しく管理されていたに違いない工員たちにとって、ここは四肢を伸ばしてくつろぐことのできる束の間の時間をすごせる場所であったのではないか。そこに設計者のヒューマニズムを覗うことができる。その設計者東畑謙三は、終生、建築をその目的に正しく合致するものとしてつくりあげる技術者であったが、その眼差しは、常に建築の使い手に向けられ、使い手が喜ぶこと、ひいては人々が幸福であることを希求し続けていたであろうことに思いを馳せた。

ここは、トーア紡マテリアル株式会社（当時の社名は中央毛糸紡績株式会社）四日市工場。東畑謙三が事務所開設後直ちに設計に携わった建築、いわば独立後の処女作といっていい建築がいまも稼働しているという情報を得て、二〇二三年（令和五）のある日ここを訪ねた。一九三二年（昭和七）の米国視察の際、アルバート・カーンの設計した工場建築を訪ね、その合理的な設計手法に深い感銘を受けたといい、帰国後設計事務所を開設し、日本で理想的な工場をつくりたいという志を抱いて取り組んだ建築

4-1　トーア紡マテリアル四日市工場トップライト

4-2　同工場内観

4-3　東畑謙三　28歳頃

がこの四日市工場である。ここに立ってみて、東畑が追究しようとした工場建築のあり方はこういうことであったのかということを初めてリアルに理解することができた。

創業九〇年余りの東畑建築事務所を担う者にとって、少々大袈裟に記せば、これは大きな「発見」であった。それは、東畑謙三建築事務所第一号建築が現存し、いまも生産施設として稼働していることを「発見」しただけでなく、東畑謙三が自らの行き方を定めた際に抱いた意思や思想の表出を「発見」した瞬間でもあった。

本書では、ここまで、東畑謙三の人物像と足跡とその成果を明らかにしてきたが、その過程で得られたこの「発見」は、東畑の人格や思想を、現代においてより身近に捉えなおす契機となり、また、ようやくその思想の辺縁にたどりついたのかと東畑から揶揄されるかのような幻想をいだく機会ともなった。

ここからは、東畑謙三が現代に遺してくれたものを再度確認しつつ、そこから紡ぎ出され、将来に向けて受け継いでいくべき「かわらない価値」について考えていく。

2　合目的につくる

東畑謙三は大学院時代、学者を目指す思いを抱いていたという。しかし、東方文化学院京都研究所の設計に携わったのちには、次第に実務として建築を設計することに喜びや意義を感じるようになる。概念より実体、抽象より具体への関心の高まりということであり、いわば「転向」ということにもなるだろうが、東畑にそのきっかけを与えた二人の人物があげられる。

一人は哲学者の三木清。東畑の妹喜美子の夫でもあるが、東畑が大学院生として欧州の建築思潮を日本に紹介する作業をするなかで、原語の解釈などについて三木清に相談をもちかけていたという。翻訳にあたり、ドイツ語のRaumに「空間」、Gestaltungに「構成」という訳語を与えたのは、三木清の指導によると東畑は語っているが[*1]、そのような思想を巡るやりとりのなかで、三木清から「自分は一生かけて哲学の勉強を

4-4　三木清と東畑謙三の妹喜美子

1　本書三一頁参照。

4-5　岩井勝次郎

しているのに、おまえさんは片方で微分積分をやりながら、こんなものをやっておって何になるんじゃ」と指摘されたという。[*2] この言葉に東畑ははっと目覚めたに違いない。

もう一人は義父の岩井勝次郎。「おまえ学者にならずに世の中に出て働いたらどうだ。その方が面白いぞ。それにはいっぺん外国を見て来い」と言われた。その言葉に従って、一九三二年（昭和七）、欧州から米国を巡る建築視察に出かける。

それまで、欧州の近代建築思想を、テオ・ファン・ドゥースブルフ、ル・コルビジュエなどの著書を翻訳する作業をとおして自ら学び、それに傾倒していたが、実際に見た欧州の近代建築たちは、「かぼそく力に欠けて」おり、欧州の歴史都市を彩る豪壮な様式建築に勝るものではなかった。概念としての合理主義には共感するものの、実際に建ち上がった一九三二年当時の「近代合理主義建築」には魅力を感じなかった。しかし、その後訪れた米国で、アルバート・カーンの設計による工場建築に出会う。フォードやゼネラルモーターースの大規模工場が、当時はあまり実用されていなかった剛接架構（ラーメン）でつくられていた。「大胆なラーメンで、それで私は非常に感心し

2　東畑謙三・藤森照信「工場建築で基礎を築く」『建築雑誌』一九八七年一月号。

て、やっぱりやるんだったら工場のこれがいいなと」思ったという。エンドレス工程で大量生産できる自動車工場の実現という目的に対し、建築家が最適な工法と材料を選択して応えていることに感銘を受けたのである。建築を合理的につくる、合目的的につくるという建築家の意思がそこにあり、ここで初めて、東畑にとっての理念と実体とが整合する建築に出会ったといっていいだろう。

「建築は工学である」とあえて言う。「理論と実験とを繰り返しながら一つのセオリーを考えて、それを実現することが私は工学だと思うのです」と。「工場建築は答えが出る」とも言う。大切なのは、目的に対して最適な解答を導くための理路であり、合理的に選択された工法や材料を駆使して合目的な空間を構成していくことである。それは、造形的な情動や恣意的な嗜好を離れた、課題解決へのまさに「合理的な」道すじであり、「合理主義的な創作の喜びを満たすには工場建築ほどよい課題はなかろう」というように、そのプロセ

4-6 アルバート・カーン クライスラー ダッジ ハーフトントラック工場 1937年

スに技術者としての喜びを覚え、社会的な意義を感じていたのであろう。

その工場建築の目的と創作の道すじについて、『工場建築の諸問題』と題する論考のなかで次のように述べている。

問題をさらに分析してみよう。こんにちの経済機構のなかにあって、生産工業の目標にできうるかぎりの低生産量をもって、できうるかぎりの短時間にできうるかぎりの良製品を創ることである。この目標に向かって設備と労働とを組織立たしめることが工場建築であるならば、具体的な建築技術の方向よりこれを分析してみれば、第一には機能的に考究すること、すなわち生産の過程がいかなるものか、いかにしてよどみなく組織立たしめるか、を創案することである。第二には経済的に考究することである。すなわち建築費の低廉、維持費の僅少、製品運搬の容易、拡張の容易、労働力の合理化等を考究することである。第三には保健衛生的に考究することである。すなわち採光照明を作業に適合せしめること、換気暖房を適当にして労働を快適にすること、防災方法を考えて労働力の安全を期すること、また福利施設を考えて労働力の沈滞を防ぐことなど、労働力をいかに保全するか考究することである。[*3]

最低限の生産量と時間で最大限の良品を創ることを工場の目的とした上で、建築の

3　「工場建築の諸問題」『建築と社会』一九六二年九月号。

生成は、機能的、経済的、保健衛生的に考究すべしという具体的な目標を掲げ、生産性の向上や労働力の保全の重要さを説いているが、ここで東畑が述べていることは、まさに現代の課題解決の方法となんら変わるものではないことに驚かされる。これは事務所設立から三〇年ほど経過した一九六二年の論考であるが、そのころからの高度成長期やバブル経済期においては、多くの建築家たちが差異や新奇性を競い、課題解決よりも造形の独自性や審美性を優位に置く傾向があったなかで、東畑のこの言説は、当時の建築家のそれとしては異色であったといえるかもしれない。しかし、バブル崩壊後の経済の低迷のなかで、建築には、ライフサイクル全般での経済合理性が強く求められるようになり、また、人々の安心・安全、地球環境、地域活性などの様々な社会的課題に真摯に応えていくことに建築の価値が見いだされるようにもなった。こうした価値観の変容を経て、再び東畑の論考に触れると、機能的、経済的、保健衛生的に考究せよと説いた東畑の眼差しは、経済成長の先の時代をも見据えていたように思えてくる。これは、時代がひとまわりしてかえって新しく見えるということであるかもしれないが、しかし、例えば、発注者の利益や使用者の利便性の最大化という建築の目的の実現に向けて、合目的的に理路を整えていく姿勢は時代を超えて変わらない価値をもつのではないか。東畑は『建築を志す学生諸君へ』のなかで、力強く語っている。「表面のみの建築を愛せずして、もっと建築を学問的に愛せよと言いたいのである。ポスターにあるような建築が本当の建築であると思ったら大変なのである」[*4]。

4 「建築を志す学生諸君へ」『建築と社会』一九五一年八月号。

3　構成技師として

テオ・ファン・ドゥースブルフの論考に現れるGestaltungという言葉の翻訳にあたり、三木清から示された「構成」という語を用いたということは先にも触れたが、この「構成」という概念が、その後の東畑の行き方のキーワードとなる。

東畑は、自らを「建築家」とは称さず、「技師」と名乗ることが多かった。例えば一九三二年の欧米視察の報告記には、「時代を経てきた建築技師」と記名したとされる。目的に向かって合理的に解答を見出す工学的姿勢はまさに技師のそれであるといえるであろうが、この自称は、謙遜というより、自らの職能を分析するとき、それこそ「合理的に」導かれた名称であり、合理主義者の矜持として「技師」を名乗っていたのではないかと考えられる。浦辺鎮太郎によるインタビューのなかで、技師についてこう語っている。

〈生産施設の省力化について〉そこを努力して省力関係を研究していけば・・・。そういうところまで考えるのが私は建築だろうと思うのです。そういうことを含めて私は建築家ではなしに建築技師というわけです。（中略）建築家といい、芸術家といい、周囲の人がつける名前であって、その人はそんな気持ちでやっていないと思います。われわれは建築家というより、ある一つのことを構成する技師であると思っております。*5

ここでは自らの訳語「構成」を用いて、自分は「構成する技師」であると言っているが、やがて「構成技師」と名乗るようになる。テオ・ファン・ドゥースブルフは、オランダの画家であり、デ・スティル・グループの主導者のひとりとして知られてい

5 「東畑謙三 建築人生を語る」『日刊建設通信新聞』一九八五年一月三〇日。

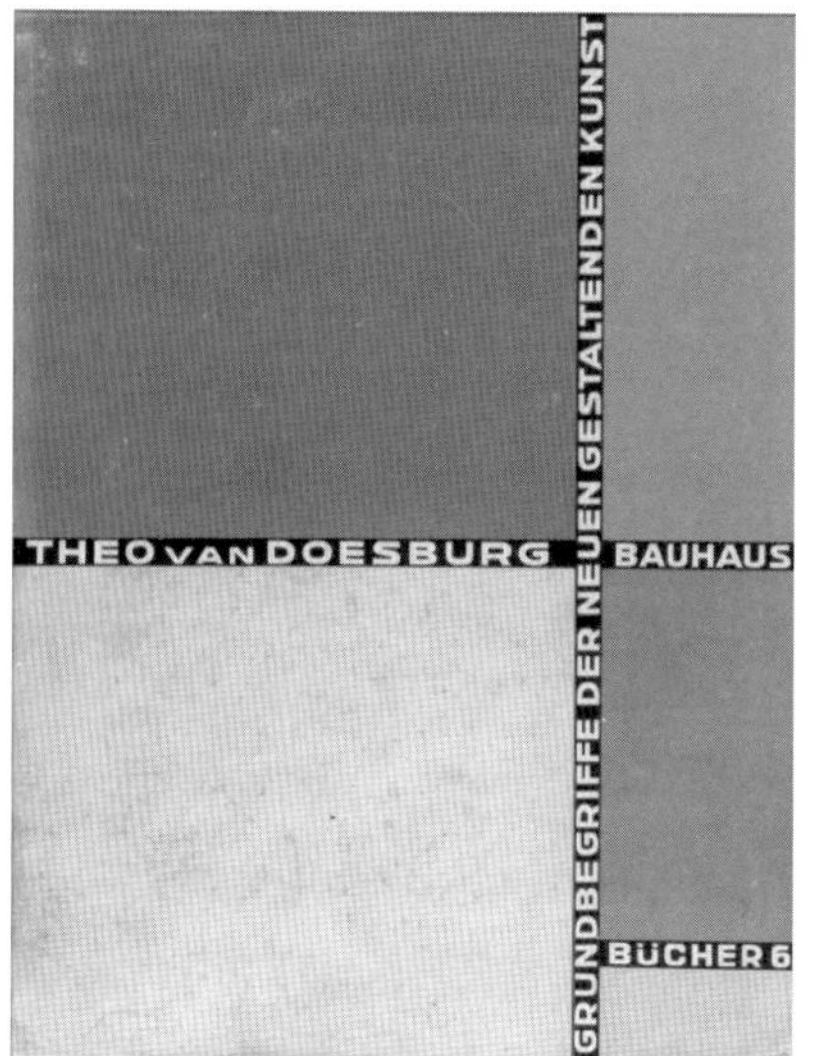

4-7 『新構成芸術の基礎概念』表紙

4-8 『新構成芸術の基礎概念』挿絵

るが、その著書『新構成芸術の基礎概念』[*6]の翻訳を試みた東畑は、「非常に啓発された」と記している。その上で「構成」について次のように述べている。

それはコルビジュエの思想と同じで、物の構成ということは一つの企画をやるということであると。だから、その構成の内容は建築であろうが絵であろうが、物のプロポーションをよくしていくことが構成技術の極致であるということ。（中略）建築も目的を持った一つの空間を並べていく、・・・目的をもったものをうまく並べて生活に合うように構成していくことが建築ではないか。[*5]

目的をもった空間を適切に配列し、機能を満たすように構成することが建築であり、構成技師の仕事であるというわけだが、東畑の言葉のなかには「プロポーションをよくする」ことの重要さが繰り返し述べられている（これは多くの元所員が証言していることでもある）。それは空間配列のバランスであり、外観デザインにおける壁面の比例関係や開口部の配置のバランスなどであるが、東畑にとっての構成の要諦はプロポーションにあり、プロポーションを整えることこそ、構成技師の真価が問われる技術なのである。そして、このプロポーションを扱う構成技師の役割の範囲は、組織づくりにも及んでいく。

6　東畑の翻訳による書名。現在出版されている翻訳書の書名は『新しい造形芸術の基礎概念』中央公論美術出版。

私は構成技師。会社をやるのも同じことです。やはり構成的に考えながらやっていかないと、個人の趣味でやってできるものではない。[*5]

これだけ専門が分かれて来ますと、それを統率して行くには構成的でなければ、個人の趣味とか単なる意匠ばかりでは、統御もまとめもできやしません。オーケストラの指揮者はそれぞれの楽器のうまい演奏者を指揮して演奏させる。[*7]

このように東畑のいう「構成」の概念は、単に建築設計の領域にとどまらず、設計組織の編成法などにも拡がっていき、さらに付け加えれば、ものの（特に造形物の）見方、例えば、ものを要素に分解してそれらの関係を理解しプロポーションを評価するような態度にも及んでいるのではないかと考えられる。

「物のプロポーションをよくしていくことが構成技術の極致」という言葉のとおり、東畑は、自身を構成技

4-9　自宅前での社員の集合写真　1952年
中央でしゃがんでいるのが東畑謙三。

師と称しつつ、自ら腕を振るった設計においてこれを追求し、所員たちをこの言葉で鼓舞し叱咤した。「プロポーションのよい構成」と言い換えられるこの概念が、東畑にとっての重要な価値観であり、それは設計の指導原理としてあるいは組織の編成原理として扱われ、さらには絵画や中国陶器を眺める審美眼の基底にもこの価値観があったのではないか。東畑の一連の発言や関係者の証言がそう考えさせてくれる。

4　社会に尽くす

設計事務所を主宰し多くの発注者への建築物の提供を本務としつつ、東畑は常に社会への貢献を視野にいれた活動を続けた。事務所設立後まもなく訪れた戦時下における軍施設への関与がどれほど主体的なものであったかはわからないが、戦後になると、復興のためには住宅建設が急務と考え、既知の実業家の誘いでプレファブ方式の住宅を供給する会社の設立を準備する。この構想は頓挫したものの、その後建設会社（現在の不二建設株式会社）を設立して自らが社長となり、住宅建設などを積極的に行った。設計の仕事が途絶えてしまった時代のことではあるが、建築家の職能にこだわるわけではなく、住宅供給を通じて戦後復興に寄与しようとした姿勢は、合理主義者東畑の使命感の発露ということであろうか。

7　「建築家の世界／東畑謙三」（狩野忠正によるインタビュー）『ＨＩＲＯＢＡ』一九八五年五月号。

このほかの社会活動で特筆されるのは、日本建築協会の運営と日本建築総合試験所の開設に係る貢献であろう。一九六四年に日本建築協会（現在の一般社団法人日本建築協会）第四代会長に就任した際には、『わが建築をよくして行こう』という盛り上がる熱気と願望とによって育ってきた団体であります」と同協会の活動の意義を称え、一九六七年に創立五〇周年を迎えたときは、「いたずらに過去の歴史のみに目を向けずに、本日発会した位の新鮮味をもたしたいのである」と意気込みを述べている。日本建築総合試験所（現在の一般財団法人日本建築総合試験所）については、建築材料や工法に関する各種試験や評価格付けを行う機関として、東京の建材試験センターに対する関西での拠点の設立が一九六三年に決まった後、建築協会副会長（後に会長）の東畑が中心となり、まさに東奔西走して一九六四年の設立にこぎつけたのであった。

4-10　日本建築協会の機関誌『建築と社会』1964年5月号表紙

都市再開発への貢献としては、大阪駅前市街地改造計画があげられる。戦後の闇市の様相を残していた大阪駅前地区の改造事業の建築計画の策定と一部建物の設計を東畑が担ったものであるが、一九五九年の着手から一九八一年にすべての建物が完成するまでに二〇年超の年月が経過している。国内の大規模市街地改造事業の先がけといってもいいプロジェクトであるが、こうした大規模かつ長期間を要する事業への関与は、まさに東畑ならではの役割ということであろう。

各建築団体の役員や行政関連の委員を務め、京都大学と大阪大学では講師として後進の指導にあたり、一九七〇年の日本万国博覧会（大阪万博）においては、建設委員として様々な調整役を担ったことも知られている。こうした東畑の社会貢献活動を一覧してみると、建築家としての世界観や表現を前面に出していくような姿勢とは異なる、独特な軸足の置き方が見えてくる。その関心の対象は、「建築」そのものにとどまらず、建築界であり社会全体であり、そこに集う人々やその活動にある。それは、建築を通じて社会に貢献し、時に下支え的役割をも引き

4-11　大阪駅前市街地改造計画模型

受けつつ、建築界と社会の発展に寄与したいという志の表れであり、まさに構成技師の矜持ということであったのではなかろうか。

5 かわらない価値

東畑の建築を巡る発言のなかに、しばしば「美術建築」という言葉が現れる。いまではほとんど使われることのない表現だが、様式建築の流れを汲むようなデザインされた建築という意味であり、東畑は、「美術建築は私らの時には何もなかった」と事務所設立の頃を回想している。実際、不景気と次第に強まる戦時体制によって美術建築を設計する道は閉ざされ、その対向にある「産業建築」をもっぱら手がけて事務所を発展させた。これには義父岩井勝次郎の存在や、東畑自身の「合理主義的な創作の喜びを満たすには工場建築ほどよい課題はない」という動機があったことはここまで触れてきたとおりだが、一方で、個人としての処女作である東方文化学院京都研究所はまさに美術建築であり、卒業設計でのドローイングを見ても傑出したデザインの才を備えた建築家であることは明らかだ。しかし、にもかかわらず、産業建築への道を迷うことなく進んでいったように見えるのはなぜか、はたして東畑本人は、何を目指したのか。その謎が、不可解さが、これまで東畑の人物像の焦点をぼやかせてしまうと

4-12　東方文化学院京都研究所

4-13　中央毛糸紡績四日市工場

ころがあった。だが、東畑はこう語っている。

人から見たら芸術家とも建築家とも考えるか知らんが、私は心のなかで「そういうことを構成する技師である」と思っているんですよ。ある一面では芸術、ある一面では絵かき、ある一面では構造だけと思う人もいるかも知れんが、私はそのすべてのものを構成していくんです。[*5]

どうやら、東畑は美術建築か産業建築か、という二項対立的な選択をしているわけではなく、それらに優劣をつけるわけでもなく、両者への志向が同時に存在しているかのようにみえる。実際、産業建築への関与は事務所を大きく成長させたが、同時期に本書で取り上げたような本人の手によるいくつかの佳作を手がけ、その過程で自ら描いたスケッチやメモの類からは、造形への並々ならぬ力と意思が感じとれる。当然ながら建築の芸術的側面を捨象したわけではなく、技術や芸術を統合するものを目指し、その意思と成果を「構成」という言葉に込めている。

東畑のいう「構成」は様々な分野に及ぶことも先に見たとおりであるが、経営者としては、設計事務所を本業としつつも、戦後まもなく建設会社をつくり、その後には不動産会社を設立して経営の多角化と安定を図った。中国陶器の「厳しい目をもつ一流のコレクター」として知られ、また、「清林文庫」と名付けた、建築、美術、芸術な

4-14　清林文庫よりパラーディオ『建築四書』

どに関する稀覯本や古地図の国内有数のコレクションを築いた。東畑は「本物を求めた」といわれるが、常に本物を手に入れ、自らもその道の本物であろうとした。

ここまで、東畑の歩んだ道をたどり、関わったことや生み出したものを再確認してきたが、この作業を通じて、いくつもの軸をもち多様な才を発揮した東畑が終生携えていたものは、「包摂性」という価値ではないかと捉えるにいたった。科学、工学、芸術、美術、経済など様々なものを理解し咀嚼しかたちを生成する「構成技師」東畑は、包摂の力に満ちていた。人や社会に向き合いその課題を解決していく利他の精神、その根底には人に対する真摯な眼差しがあり、人を慈しむ包容力と、人の喜びを思い幸福を希求するヒューマニズムがあった。そしてこの包摂性こそが、現代において東畑から受け継ぎ、今後さらに育んでいかなくてはいけない重要な価値なのではないだろうか。

こう考えるとき、東畑の人柄をうかがわせるありし日の姿や人々による形容が思い起こされた。立派な体軀を揺らしながらゆったり歩き、洒脱な話しぶりで人を笑わせたかと思えば、不当なものは厳しく叱りつけた。「人たらし」と言われるほどに人をその気にさせる饒舌があり、ときに寡黙な内省の時間もあった。にやりと笑う表情が多くの人に記憶されているが、そこには人懐こさとはにかみとが同居していた。「私は市井の技師にすぎません」とよく口にしたというが、はにかみながらそれを言う東畑の内面には、「市井の技師」として社会に貢献し人々の幸福の実現に寄与する自信と誇りがいつも宿っていたはずである。

4-15　東畑謙三　88歳

『ねずみ色からぼたん鍋まで』[*8]のなかで、東畑は、ねずみ色について、「みるからにうっとりする色」であり、「色彩のいきつくところはねずみ色である」と称えている。白色と黒色の間の無限のグラデーションのなかにあるそのねずみ色は、多様な価値を共存させる「包摂」の概念を連想させる。「艶があるのがねずみ色」で「艶がないのが灰

8　『ねずみ色からぼたん鍋まで』一九九〇年、リーチ出版。本書一八七頁参照。

色」だともいうが、みるからにうっとりするねずみ色のごとく、東畑から受け継がれる価値は、これからの時代においてますます艶やかさを増していくに違いない。

エピローグ

瞼を照らす夕陽の眩しさで、結依は目を覚ました。

長く引き伸ばされた結依の影が、青磁の壺のようなシルエットをアスファルトに描いていた。ガードレールに腰掛けたまま、何時間も眠ってしまったようだ。スケッチブックを抱えた手のひらが汗ばんでいる。

とてもリアルな夢だった。長い旅から戻ったときのような疲労を結依は感じていた。でもそれは、充実した体験がもたらす、心地の良い疲労感だった。

結依は立ち上がり、背伸びをした。

鉛筆を挟んだページを開くと、描きかけのバルコニーのスケッチと、「ひとに寄り添う」という文字があった。数時間前の「おもしろいってなに?」という問いに、いまなら向き合えるかもしれない、と結依は思った。

気づくと、胸のモヤモヤはすっかり鎮まっていた。

結依は、何気なくスケッチブックを見返してみた。そこに描かれた無数のスケッチをめくりながら、そのどれにも人が描かれていないことに気づきハッとした。それは、主人公が自分自身だったからだ。いままでは自分が見たい世界を描こうとしていた。これからは、そこに佇む人も描いてみようと思う。そして想像してみよう。その人から見える世界はどんなものだろうと。試しに描きかけのバルコニーに、さくら通りを眺めている老紳士を描き足してみた。

そこにいるひとを慈しみ、その振る舞いに想いを馳せ、持てる技術、経験をすべてつぎ込む。それは途方もなく大変なことかもしれない。でも……だからこそ、と結依は思う。

建築っておもしろそうだ。

「結依さん、「ごきげんよう」

頭上から東畑さんの声が聞こえた気がして、結依は空を見上げた。

朱色に染まる雲が流れ、花瓶と山葡萄のレリーフが夕陽を受けて、きらめいていた。

あとがきにかえて

いま、社会は、自然災害の頻発や終わりの見えない国際紛争、人工知能の急速な進展など、否応なく多様化し複雑化する時代のまっただ中にあり、さまざまな課題に直面しています。建築を取り巻く状況も同様で、設計者には、その職能を変化、拡張させ、建築設計にとどまらない役割を果たしていくことが強く、求められていると感じます。

戦前、戦中、戦後という日本の激動の時代を、「ひとの喜び」をもとめ、駆け抜けた技師、東畑謙三。その歩みは、これからこの時代を生きる私たちにアイデアと勇気を与えてくれます。

一九三二年一二月に東畑謙三が四人で興した設計事務所は、いまや所員数が三六〇名を超え、二〇二二年には創立九〇周年を迎えました。

その九〇周年を機に、いま一度、東畑謙三を見つめなおすべく、東畑謙三研究会を立ち上げました。まずは、生前の東畑謙三を知る先輩諸氏へのインタビューを実施しましたが、お訪ねした中のおひとりの傘寿を過ぎた元所員の方が、東畑謙三直筆のスケッチを宝物として自宅に保管しておられました。お話を聞いた多くの元所員からは、東畑が自らのスケッチで指し示したことはなかったと伝えられていたので、これは驚きでした。自宅あての銀行からの封筒を開いた無地の部分にボールペンで描かれた花瓶と山葡萄。いまも残る小さな建物の小さなバルコニーの手すりの丹念な素描です。そののち、東畑謙三建築事務所が一九三二年の設立後最初に手掛けた工場建築がいまも使われていることを知り、その空間を体験することができました。これは、東畑の「プロポーションをとれ」という言葉が単なる建築意匠にとどまらない時間軸をも見据えたものであったことを実感できた瞬間でした。さらに東畑謙三自身が設計に携わった建物を訪ね、改めて現在にも通じる課題解決への意思が実現していることが確認できました。残された寄稿文や対談記録などには、建築設計だけにとどまらない社会全体の安寧と人々の幸福を射程にいれた、一貫した技師精神がありました。

本書は、こうした本研究会での成果をもとに、研究会メンバーによって執筆されました。あわせて、東畑謙三が「建築技師」に込めた想いをできるだけわかりやすく表現するべく、東畑自身の言葉などをもとにした一編のフィクション（ダイアローグ）を織り込みました。

これまで知られていなかった、東畑謙三の思いや成し遂げたことがここに浮かび上がってきました。これは、混迷の時代を生きる私たちに、とりわけこれから建築設計を目指す若いひとに指針を与えてくれるのではないかと思います。登場人物西野結依が最後にたどりついたように、「建築っておもしろそうだ」と感じていただければありがたいです。

出版にあたり、インタビューを快くお受けいただいた、壺中居の井上繁雄氏、ギャラリー・プチフォルムの青柳清孝氏、辻野純徳氏、東畑建築事務所ＯＢの方々に感謝申し上げます。現地訪問に際しては、京都大学人文科学研究所、トーア紡コーポレーション、繭山龍泉堂、寧楽美術館をはじめ多くの皆様にお世話になりました。

最後になりますが、本書の制作に関わったすべての皆さまに心より御礼申し上げます。

二〇二四年五月

東畑謙三研究会

東畑謙三略年譜

1902年（明治35）	4月11日、三重県一志郡豊地村（現在、松阪市嬉野井之上町）において父東畑吉之助、母芳子の三男に生まれる
1920年（大正9）	3月、三重県立津中学校卒業、4月、第三高等学校（京都）入学
1923年（大正12）	3月、第三高等学校卒業
同	4月、京都帝国大学工学部建築学科入学
1926年（大正15）	3月、京都帝国大学工学部建築学科卒業
同	4月、日本電力株式会社入社、翌春退社
1927年（昭和2）	4月、京都帝国大学大学院研究科入学
1929年（昭和4）	5月、外務省嘱託として東方文化学院京都研究所の設計に携わる、翌年11月竣工
1930年（昭和5）	岩井勝次郎の長女博子と結婚
1931年（昭和6）	3月、大阪市嘱託として新大阪ホテルの設計に携わる
1932年（昭和7）	5月〜11月、欧米建築視察の旅
同	12月13日、東畑謙三建築事務所を大阪市北区で開設、中央毛糸紡績四日市工場の設計に着手
1940年（昭和15）	東畑謙三建築事務所分室を豊中市蛍ヶ池に設置
1946年（昭和21）	山口吾郎と共に不二建設設立
1947年（昭和22）	京都帝国大学建築学科非常勤講師
1948年（昭和23）	自邸を神戸市東灘区住吉に建築
1949年（昭和24）	大阪大学建築学科非常勤講師
1950年（昭和25）	不二建設の事業から撤退
1951年（昭和26）	株式会社東畑建築事務所に改組
1955年（昭和30）	社団法人日本建築学会理事
同	新たな自邸（鉄筋コンクリート造）を住吉の旧邸内に建築
1957年（昭和32）	株式会社東畑建築事務所九州支所を小倉に開設
同	株式会社東畑建築事務所本社を大阪市東区伏見町に新築移転
1958年（昭和33）	株式会社東畑建築事務所東京支所開設
1959年（昭和34）	大阪駅前市街地再開発事業に携わる（第1ビル竣工は1970年）
1960年（昭和35）	社団法人日本建築家協会理事
同	株式会社東畑建築事務所名古屋支所開設
1964年（昭和39）	社団法人日本建築協会会長
同	財団法人日本建築総合試験所副理事長
1965年（昭和40）	日本万国博覧会会場計画委員
1967年（昭和42）	日本万国博覧会建設顧問
1971年（昭和46）	日本建築協会名誉会長
1973年（昭和48）	沖縄国際海洋博覧会協会建設顧問
1975年（昭和50）	日商岩井大阪本社ビル竣工
1982年（昭和57）	株式会社東畑建築事務所取締役会長、市川宏取締役社長
1997年（平成9）	株式会社東畑建築事務所取締役名誉会長
1998年（平成10）	4月29日、東畑謙三死去
1999年（平成11）	日本建築協会誌『建築と社会』5月号、東畑謙三先生追悼－一周忌特集号刊行

主な受賞

1960年（昭和35）	建築関係功労者として建設大臣表彰
1962年（昭和37）	藍綬褒章受章
1972年（昭和47）	勲三等瑞宝章受章
1980年（昭和55）	日本建築学会賞受賞（業績賞）
1989年（平成元）	紺綬褒章受章

図版出典・所蔵者・提供者（敬称略）

第１章
1-1　山形政昭
1-2　東畑建築事務所
1-3　京都大学大学文書館
1-4　東畑建築事務所
1-5　明倫館書店
1-6　東畑建築事務所
1-7　『フレッチャー建築史』岩波書店、1919年
1-8　University of Michigan and Albert Kahn Associates, The Bentley Historical Library, and the Birkhäuser book: Thorsten Bürklin, Jurgen Reichardt (Eds.): *Albert Kahn's Industrial Architecture*, Birkhäuser, Basel, 2019.
1-9　京都大学大学文書館
1-10　『創業者　岩井勝次郎』関西ペイント株式会社、1995年
1-11　東畑郁生
1-12　『近代建築画譜　近畿篇』近代建築画譜刊行会、1936年
1-13上　『長岡禅塾』財団法人長岡禅塾、2004年
1-13下　山形政昭
1-14　『建築と社会』1941年2月号
1-15　東畑建築事務所
1-16　『建築と社会』1954年11月号
1-17　東畑郁生
1-18　東畑建築事務所
1-19　関西ペイント株式会社
1-20　東畑建築事務所
1-21　東畑建築事務所
1-22　『新住宅』1956年4月号
1-23　『新住宅』1960年1月号
1-24　東畑建築事務所
1-25　『建築と社会』1967年3月号
1-26　『建築と社会』1967年3月号
1-27　東畑建築事務所
1-28　東畑建築事務所
1-29　東畑建築事務所
1-30　『建築と社会』1967年3月号
1-31　東畑建築事務所
1-32　東畑建築事務所
1-33　東畑建築事務所
1-34　東畑建築事務所
1-35　東畑建築事務所
1-36　山形政昭
1-37　山形政昭
1-38上　山形政昭
1-38下　東畑建築事務所

第２章
2-1　東畑建築事務所
2-2　東畑建築事務所
2-3　東畑建築事務所
2-4　東畑建築事務所
2-5　東畑建築事務所
2-6　橋寺知子
2-7　橋寺知子
2-8　京都大学人文科学研究所附属人文情報学創新センター・京都大学人と社会の未来研究院
2-9　東畑建築事務所
2-10　山形政昭
2-11　山形政昭
2-12　山形政昭
2-13　山形政昭
2-14　東畑建築事務所
2-15　山形政昭
2-16　山形政昭
2-17　東畑建築事務所
2-18　東畑建築事務所
2-19　東畑建築事務所
2-20　『国際建築』1960年12月号
2-21　東畑建築事務所
2-22　東畑建築事務所
2-23　東畑建築事務所
2-24　東畑建築事務所
2-25　東畑建築事務所
2-26　東畑建築事務所
2-27　東畑建築事務所
2-28　東畑建築事務所
2-29　東畑建築事務所
2-30　東畑建築事務所
2-31　東畑建築事務所
2-32　『大阪駅前市街地改造事業誌』

2-33 大阪駅前市街地改造事業施設建築物計画図
2-34 大阪駅前市街地改造事業施設建築物計画図
2-35 大阪駅前市街地改造事業施設建築物第1棟新築工事設計図
2-36 大阪駅前市街化改造計画1960
2-37 大阪駅前市街化改造計画1960
2-38 橋寺知子
2-39 橋寺知子
2-40 橋寺知子
2-41 橋寺知子
2-42 大阪駅前第1ビルパンフレット
2-43 橋寺知子
2-44 大阪駅前市街化改造計画1960
2-45 博物館明治村
2-46 三重県庁（竣工記念パンフレット）
2-47 東畑建築事務所
2-48 『近代建築』1964年8月号
2-49 『近代建築』1964年8月号
2-50 東畑建築事務所
2-51 東畑建築事務所
2-52 東畑建築事務所
2-53 東畑建築事務所
2-54 東畑建築事務所
2-55 東畑建築事務所
2-56 東畑建築事務所
2-57 東畑建築事務所
2-58 東畑建築事務所
2-59 山形政昭
2-60 山形政昭
2-61 山形政昭
2-62 寧楽美術館
2-63 山形政昭
2-64 東畑建築事務所
2-65 山形政昭
2-66 山形政昭
p161 東畑建築事務所
p162 東畑建築事務所
p163 東畑建築事務所
p164 東畑建築事務所
p165 東畑建築事務所
p166 東畑建築事務所
p167 東畑建築事務所
p174 東畑建築事務所　3：東畑郁生
p175 東畑建築事務所
p176 東畑建築事務所

第３章
3-1 東畑郁生
3-2 『近代建築』2008年1月号
3-3 『近代建築』2008年1月号
3-4 『近代建築』2008年1月号
3-5 東畑建築事務所
3-6 東畑建築事務所
3-7 東畑建築事務所
3-8 『ねずみ色からぼたん鍋まで』
3-9 ColBase (https://colbase.nich.go.jp/)
3-10 中央研究院歴史語言研究所
3-11 森下誠
3-12 東畑郁生
3-13 東畑郁生
3-14 東畑郁生
3-15 東畑郁生
3-16 東畑郁生
3-17 カトリック住吉教会ホームページ
3-18 東畑郁生
3-19 東畑郁生
3-20 東畑郁生

第４章
4-1 東畑建築事務所
4-2 東畑建築事務所
4-3 東畑建築事務所
4-4 東畑建築事務所
4-5 双日株式会社
4-6 University of Michigan and Albert Kahn Associates, The Bentley Historical Library, and the Birkhäuser book: Thorsten Bürklin, Jurgen Reichardt *(Eds.): Albert Kahn's Industrial Architecture,* Birkhäuser, Basel, 2019.
4-7・4-8 Theo van Doesburg, *Grundbegriffe der neuen gestaltenden Kunst,* Florian Kupferberg, Mainz, 1981.
4-9 東畑郁生
4-10 『建築と社会』1964年5月号
4-11 1961大阪駅前市街地改造事業
4-12 東畑建築事務所
4-13 東畑建築事務所
4-14 『近代建築』2008年1月号
4-15 東畑建築事務所

◆監修者略歴

山形政昭（やまがた まさあき）

一九四九年大阪市生まれ。京都工芸繊維大学工芸学部建築学科卒業、同大学院修士課程修了。専門分野は、建築史、建築計画学。工学博士(東京大学)。大阪芸術大学芸術学部建築学科助手、助教授、教授を経て、現在、同大学名誉教授、関西学院大学国内客員教授。主な研究分野は日本の近代建築史。

橋寺知子（はしてら ともこ）

一九六五年神戸市生まれ。関西大学工学部建築学科卒業、同大学院博士課程後期課程修了。博士（工学）。関西大学環境都市工学部建築学科准教授。専門は日本、特に大阪の近現代建築史、近代建築の保存活用に関する研究など。

◆東畑謙三研究会メンバー　＊は執筆担当

山形政昭　＊第1章、第2章2・6節

橋寺知子　＊第2章1・3・4・5節

東畑郁生（とうはた いくお）　東京大学名誉教授、株式会社東畑建築事務所

米井　寛（よねい ゆたか）　株式会社東畑建築事務所　＊第4章

松本　章（まつもと あきら）　株式会社東畑建築事務所

中村文紀（なかむら ふみのり）　株式会社東畑建築事務所　＊プロローグ・ダイアローグ・エピローグ、第3章4節

野村祥平（のむら しょうへい）　株式会社東畑建築事務所　＊プロローグ・ダイアローグ・エピローグ

坂口文彦（さかぐち ふみひこ）　株式会社東畑建築事務所

赤松千州（あかまつ ちくに）　元株式会社東畑建築事務所

原　章（はら あきら）　編集工房レイヴン　＊第3章1・2節

仲底まゆみ（なこそこ まゆみ）　フリーライター　＊第3章3節

建築技師という生き方
東畑謙三との対話

2024年6月25日　第1版第1刷発行

監修者　山形政昭・橋寺知子
編著者　東畑謙三研究会
発行者　矢部敬一
発行所　株式会社 創元社
〈ホームページ〉 https://www.sogensha.co.jp/
〈本　社〉 〒541-0047 大阪市中央区淡路町4-3-6
TEL 06-6231-9010（代） FAX 06-6233-3111
〈東京支店〉 〒101-0051 東京都千代田区神田神保町1-2田辺ビル
TEL 03-6811-0662（代）

造　本　上野かおる
組　版　東 浩美
本文カット　間宮理惠
編集協力　原 章
印刷所　株式会社 太洋社

©2024 Printed in Japan ISBN978-4-422-50133-8 C0052
落丁・乱丁のときはお取り替えいたします。